# 中华诚信故事

韦爱萍　主　编

王　璐　编　著
孔　明　点　评

陕西新华出版传媒集团
陕西人民美术出版社

U0459227

## 图书在版编目（CIP）数据

中华诚信故事/韦爱萍主编；王璐编著；孔明点评. — 西安：陕西人民美术出版社，2018.1（2021.9重印）

ISBN 978-7-5368-3446-0

Ⅰ．①中… Ⅱ．①韦… ②王… ③孔… Ⅲ．①品德教育－中国－青少年读物 Ⅳ．①D432.62

中国版本图书馆CIP数据核字（2017）第300535号

策　　划：雷　波
责任编辑：高立民　尹　乐
封面设计：高　雅

ZHONGHUA CHENGXIN GUSHI

## 中华诚信故事

韦爱萍　主编　王璐　编著　孔明　点评

出版发行　陕西新华出版传媒集团
　　　　　陕西人民美术出版社
地　　址　陕西省西安市雁塔区曲江街道登高路1388号
邮　　编　710061
网　　址　http://www.mscbs.cn
经　　销　新华书店
印　　刷　北京一鑫印务有限责任公司
规　　格　889mm×1194mm　　32开
印　　张　6
字　　数　85千字
版　　次　2018年1月第1版　　2021年9月第5次印刷
印　　数　29501-39500
书　　号　ISBN 978-7-5368-3446-0
定　　价　32.00元

　　社会主义核心价值观不是无源之水、无本之木，它的形成与中华优秀传统文化有着千丝万缕的联系，特别是它倡导的爱国、敬业、诚信、友善的公民基本道德规范，更是中华优秀文化的精华，是中国人千百年来一直崇尚并践行的道德准则。中华优秀传统文化中的经典故事，教育着一代又一代的中国人。我们今天的年轻人，也应从这些经典故事中获取教益，成为社会主义核心价值观的践行者。

　　中华民族五千年文明史为我们留下了许多可贵的优秀品质，形成了中华民族的传统美德。"自古皆有死，民无信不立""不愿得千金，愿得季布一诺""一言既出，驷马难追""人而无信，不知其可也"，先哲们关于诚信的论述，已凝结为中华民族崇高的道德品质和精神追求，哺育了一代又一代的中华优秀儿女。

　　本书搜集整理了古代数十个诚信故事，体现古人的诚信精神在为人、教子、交友、荣辱、经商、为官等各个层面的表现。每篇故事后附有作家孔明对该故事的精彩点评，褒扬人物的诚信精神，给读者以有益的启迪。由于我们能力和水平有限，难免有不当及谬误之处，敬请大家给予批评和指正。

目录

# 周成王践诺封叔虞

周成王姬诵，是周武王的儿子。周武王病逝后，年仅12岁的姬诵便继承了王位。由于当时天下初定，成王年幼，于是他的叔父周公旦便摄政辅佐成王。

周成王和弟弟叔虞有一次一起玩耍，他突然看到庭院里的梧桐树长得极好，叶子很大，在阳光照耀下闪着光彩，很漂亮。成王走过去，恰巧一片梧桐叶随风飘下，落到了他的脚边。成王捡起这片梧桐叶仔细端详，发现它像极了一块碧玉，于是拿出小刀将那片叶子切成了圭（古玉器，长条形，上圆下方，古代贵族在祭祀、宴飨、丧葬以及征伐等活动中使用的一种礼器）的形状，半开玩笑地递给叔虞，说："你把这个拿上，我用这个来分封你！"

叔虞接过那片用梧桐叶削成的"圭",心里十分高兴,于是欢欢喜喜地跑去见他们的叔父周公旦,并把这件事告诉了他。

周公听闻此事,便换上礼服,进宫拜见成王。见到成王后,周公郑重其事地向成王请示说:"听闻您刚刚册封了您的弟弟叔虞,不知此事您打算如何操办呢?"成王听后一头雾水,原来他早已把当时削叶为圭并说分封叔虞的事忘得一干二净了。周公解释说:"刚才叔虞拿着一片圭形的树叶,告诉我您用那个'圭'分封了他啊。"

成王这才恍然大悟,说:"哦,是那件事呀!刚才我在院子里捡到一片树叶,觉得很像碧玉,就削成圭形给了叔虞玩册封游戏呢。开玩笑的,他怎么还当真了?"

成王话音刚落,周公就收起了笑容,神情严肃地对成王说:"我曾听说,天子是不能开玩笑的。天子所说的每一句话,史官会如实记载,乐工会吟咏歌颂,士人们会相互称道。因此,作为天子,每说一句话都应该谨

慎，而说出来的话就得践行。只有这样，才能得到臣子的信任，百姓的信赖。能取信于天下，才是真正的天子呀！"

听了周公的话，成王深觉愧疚，于是践诺把叔虞分封到了唐地。

成王长大亲自执掌政权后，诚信为君，并采取了一系列有效的政策，加强了周王朝的统治，创立了各项规章制度，并征服淮夷及其以北地区，从而扩大了统治范围，还营建了后来成为东周都城的洛邑（在今河南洛阳）。周成王统治时期，社会安定，人民和睦，是西周的兴盛时期。

这篇故事出自《吕氏春秋》。由于这个故事，后世便有了一个成语叫作"桐叶封弟"，一则表示分封，二则警示当权者应该言而有信、谨言慎行。

◇**孔明点评**◇

这是一个并不典型的重然诺故事，却释放了一个很典型的重然诺信息。这个故事，须从三个层面理解。首先，诚信是重要的，言出必行，对孩子也不例外；其次，诚信须基于慎言，重然诺，所以就不能轻许然诺，有口无心也不行；其三，然诺也须管控，不能不顾前提，不顾对象，只顾结果。即如这个故事，其实就是孩子的一个游戏，不同的是故事中的周成王是一代天子，而叔虞是天子的弟弟。天子无戏言，这天子首先得是个成年人吧？我宁愿相信周成王姬诵和他弟弟叔虞说的就是一句戏言，叔虞也是孩子，不会信以为真。周公之所以较真，恐怕和商鞅立木为信是一个目的，那就是以诚信之德培育天子，影响天下臣民，因为他明白：不立信，无以立国。

# 管仲劝齐桓公勿背信

　　齐桓公，姓姜，名小白，是春秋时齐国的国君。公元前681年，齐国与鲁国交战，三次都大获全胜。当时鲁国的将领曹沫是一位既有勇气又力大无比的人，鲁庄公很喜欢他。当鲁国与齐国三战三败后，鲁庄公觉得齐国实力强大而非常害怕，于是主动献上了遂邑的土地向齐国求和。对此，曹沫虽深觉不快，一时却也无能为力。

　　齐桓公见鲁庄公主动割地示好，于是便同意与鲁庄公在柯地会谈并签订盟约。到了约定的日子，两国国君商议好盟约内容，正准备登上祭坛盟誓的时候，曹沫突然手持匕首劫持了齐桓公。这个时候，双方的人都不知所措，齐桓公身边的人也不敢轻举妄动。齐桓公尽管也很紧张，但还是以镇定的语气问曹沫："你这是干什么？"

曹沫将手中的匕首贴紧了齐桓公的脖子，严肃地说道："齐国如此强大，鲁国如此弱小，你们泱泱大国欺负我们一个小国，是否也太过分了呢？你们占领了我们鲁国多少土地，你们心里应该很清楚。如今倘若我们鲁国都城的城墙倒下，就会一下子砸到你们齐国的领土上。你们已经把国界划到了我们都城的城墙之外，却还要我们割让土地？您还是好好再考虑一下吧！"

齐桓公为了保命，便随口答应曹沫归还所占鲁国的全部土地。曹沫听齐桓公答应归还土地，便放开了他，随后走下盟誓的祭坛，神情自若地回到臣子们的座位上。

然而刚刚脱险的齐桓公却发怒了，他觉得被一个小小的武将威胁太没有面子了，于是便想要背弃刚才与曹沫的约定。这个时候，齐相管仲赶忙劝谏道："君上，万万不可啊！君上可能觉得被对方臣子威胁是一种耻辱，然而贪图小利以满足自己的快意，在诸侯面前失去信用，才是更大的耻辱啊！如果在诸侯面前失去信用，

就会失去天下的援助，那么我们齐国就无法在天下立足了！还是按照诺言把土地还给他们吧！"齐桓公觉得管仲说得在理，就按照与曹沫的约定，把曾经侵占鲁国的土地全部归还。

诸侯们听闻齐桓公在这样屈辱的状况下，依然信守诺言，都觉得齐国可以信赖而纷纷归附。最终，齐桓公在管仲的辅佐下，九合诸侯，成为"春秋五霸"之首。

◇**孔明点评**◇

管仲劝齐桓公不要背信的"信"，其实包含了两个"信"：一人之信和一国之信。由于齐桓公是一国之君，故而两信合一信，也就是诚信。有人或会质疑此信，以为齐桓公受辱而被迫在先，不得已而许诺是好汉不吃眼前亏。基于这样的前提，即使齐桓公食言，也算不得失信。实际上，信是双方的约定，守信才是信应有之义。至于齐桓公受劫持，是另一码事。其一，齐国恃强凌弱，欺负弱国，在道义上已有缺失；其二，齐桓公在曹沫刀逼胁迫之下，也可以宁死而不许诺。历史当然不能假设，齐桓公选择了承诺，就该为承诺负责，不能出尔反尔。这个故事，还有一个启迪，就是做明白人，交明白友。如果齐桓公身边没有管仲这样的明白人时时提醒，也可能背信于鲁；如果齐桓公不是个明白人，或许就听不进去管仲的话。

# 晋文公重义讲诚信

　　晋文公重耳，是春秋时期晋献公之子。当时，晋献公有一位宠姬叫骊姬，她为了让自己生的孩子奚齐能够当上太子继承王位，便挑拨晋献公与太子申生、公子重耳、公子夷吾的父子关系。骊姬设计陷害太子申生致其自缢而亡，并以谗言陷害公子重耳与夷吾。重耳很害怕，便逃出晋国，流亡于各国长达十九年之久。

　　其间重耳来到了楚国，楚成王用诸侯的礼仪招待他。重耳想到自己曾经在很多小国受到冷落，而强大的楚国却没有轻视自己，很是感动。

　　有一次宴饮，酒过三巡，楚成王突然问重耳："你如果能回到晋国，当上国君，你会用什么来报答我呢？"重耳想了想，一时也不知道怎么回答，便谦虚地说："珍禽异兽，玉器丝绸，君王您尚有多余，我也不知道该用什么来报答君王您哪！"谁知楚成王并不想结束这个话题，又追问道："即使这样，究竟能用什么来报答我呢？"重耳于是认真说道："如果有一天迫不得已，要与君王您以兵戎相会在平原湖泽时，我愿意让自己的军队撤退避让君王您的军队三舍（古时行军计程以三十里为一舍）。"楚国将军子玉觉得重耳出言不逊，请求楚成王杀掉他，然而楚成王却理解重耳。不久，秦国邀请重耳，楚成王便赠给重耳很多礼物，送他去了秦国。

后来，重耳终于得以返回晋国，继承王位，史称晋文公。

公元前632年，为了争夺中原霸权，晋军和楚军在城濮（今山东菏泽）交战。当时楚国将领子玉猛攻晋国军队，晋国军队却在晋文公的命令下一再后退。晋国的将领不明白为什么非要后退，晋文公说："过去我在楚国的时候，楚王对我以礼相待，我曾和楚王约定，如果有一天楚晋两国兵戎相见，晋国便撤退避让楚军三舍，以

报答当年楚王对我的恩情。这样的约定，我是绝对不会违背的！"晋文公不仅用自己的实际行动，兑现了当年流亡楚国时所许下的"退避三舍"的诺言，而且在客观上，晋军避开了楚军锋芒，反而为此次战役的胜利奠定了基础。

还有一次，晋文公攻打原国。这次出兵，晋军只携带了十天的粮草，晋文公与将士们约定，以十天为期限，攻下原国。可是十天之后，晋军并没有攻下原国。根据当时的形势，只要再坚持几天，胜利应该没有悬念。然而令大家吃惊的是，晋文公却下令退军，准备收兵回国。将士们纷纷劝谏说："原国的粮食已经吃完，兵力也用尽了，国君只要再等待一些时日，胜利就是属于我们的啊！"然而晋文公并没有被将士们说动，反而语重心长地对大家说："我跟将士们曾约定，以十天为期限攻打原国。此时，期限已到，若不退兵，我便是失去了信用啊！为了得到原国而失去信用，我着实办不到。"于是立刻下令撤兵，返回晋国。原国的百姓听说这件事后，觉得晋文公如此守信，是很值得信赖和依靠的君主，于是纷纷归顺了晋国。卫国的人也听到了这个消息，都说："有像晋文公这样讲信义的君主，怎能不跟随呢？"于是也纷纷归附了晋文公。

这篇故事出自《左传》。成语"退避三舍"就来源于此，用来比喻退让和回避，从而避免冲突。

### ◇孔明点评◇

两个故事，释放出一个信息，那就是诚信。一个是与楚国国君的，一个是与本国将士的，守信人是春秋五霸之一的晋文公重耳。重耳之所以是重耳，首先就表现在与众不同。他是政治家。有人说，政治家是流氓，说的比唱的好听。也就是说政治家可以不守信。重耳却相反，或者说他偏"不信邪"，信正，信诚信之道，并奉为大道、至道。孟子说：得道多助，失道寡助。重耳得道了，所以也得民心了。民心归附，他不成就霸业，都不由他了。

# 董狐直书信史

　　董狐，是春秋时晋国的史官。所谓史官，就是负责如实记录国家大事和帝王言行的官员。

　　晋灵公在位时，生活非常奢侈。他收取重赋，只为了修筑豪华宫室，还经常在高台上用弹弓射行人，观看被射的人躲避弹丸的样子。

　　晋灵公十四年（前607），由于厨师没有煮熟熊掌，晋灵公非常生气，即刻下令杀死厨师，并特意派妇女们抬着那位厨师的尸体出宫丢弃，恰巧被赵盾和士季看到了。赵盾与士季对晋灵公奢侈残暴的行径早有不满，也多次劝谏，可是晋灵公依旧我行我素，全不在意。这次也是一样，二人又去劝谏，晋灵公依旧满不在乎。

　　赵盾在晋国的势力很强大，加之他又是晋灵公父亲晋襄公的托孤重臣，因此晋灵公十分忌惮他，想将他除之而后快。一次，晋灵公设宴邀请赵盾饮酒，并埋伏了士兵准备击杀赵盾。赵盾的车右提弥明发现了，忙走上殿堂，说："臣下陪君上宴饮，酒过三巡还不告退，就不合礼仪了。"便扶起赵盾走下殿堂。灵公唤出猛犬来咬，提弥明徒手搏杀猛犬，之后提弥明战死，赵盾逃脱。赵盾逃过一劫，却没有离开晋国国境。不久，赵盾的弟弟赵穿在桃园袭杀了晋灵公，然后迎回了自己的哥哥赵盾。赵盾在晋国的地位一向很高，民众也都拥护他，况且晋灵公的暴行又不得人心，所以对于晋灵公被弑之事，大家好像也都没那么在意。

赵盾回来后不但官复原职，而且在朝中的影响力更大了。

一天，晋国史官董狐将写好了的晋国大事的记录拿到朝堂上给众位官员看，以便查漏补缺。赵盾拿过来翻看，赫然发现一句话——"赵盾弑其君"。赵盾心想，弑国君的是我的弟弟，怎么就把这笔账算到我头上了呢？这段历史流传下去，世人该怎么看我呢？于是他很

不高兴地对董狐说："你这句话似乎有问题啊，弑君的人是赵穿，并不是我。你也知道，灵公被弑的时候，我不在宫中，怎么可能去弑他呢？"

董狐听后，不慌不忙地回答说："我知道亲自动手杀灵公的并不是您。可是您作为正卿（春秋时部分诸侯国的执政大臣兼最高军事指挥官，权力仅次于国君），逃亡却没有离开国境，回来了又不诛杀弑君的乱臣贼子。这件事，如果您不是主谋，又怎么会这样呢？"

赵盾听后，觉得董狐说得也在理。自己虽然不曾指使赵穿弑晋灵公，可如果不是因为自己被逼逃走，弟弟又怎么会冲动而弑君呢？这件事与自己脱不了干系！于是，赵盾没有继续为难董狐，接受了他在史书上所写的那一句"赵盾弑其君"。

孔子听说这件事后，说：董狐，是古代的好史官，他如实记录历史，遵循了不隐瞒罪责的原则。而赵宣子（即赵盾），是一位好大夫，因为史官的记事原则而宁愿蒙受恶名。可惜啊，如果他出了国境就会避免弑君之名了。

## ◇孔明点评◇

这个故事其实是两个字的美妙结合，一个是诚，一个是信。君王无道，臣下弑之，等于是替天行道，为民除恶；而以当时的君臣伦理而言，臣下弑君，又等于逆天行道，是不伦之恶。作为史家，秉笔直书其事，是守本分，更是信守"史"之传统约定，也就是守信。而赵盾对董狐的宽容，即使放到今天，也令人叹为观止！他理解董狐，不为难他履职践信，可谓诚实君子。做人，就应该以此二人为楷模，待人以宽容至诚，履职以秉笔直书。

# 季札挂剑守承诺

季札，又称延陵季子，是春秋时期吴王寿梦的第四子。在吴王的四个儿子当中，季札最聪明也最贤明，因此吴王很想把王位传给他。然而，季札在得知父亲的心愿后，坚决推辞。最后吴王只好把王位传给了长子诸樊。

可是诸樊因为惦记着父亲的遗愿，还是一直想着要把王位还给季札，于是在临死前订立遗嘱，要求新继位的弟弟余祭将来一定要把王位依次传下去，直到传给季札，让他心安理得地继承王位，以实现父亲的心愿，并嘉奖季札的大义。

此时季札对于王位依旧毫不动心。为了让哥哥能够安心治理国家，他提出要出使各国。余祭同意了，还赐予他一把代表吴国的宝剑作为大使的信物。

　　季札先北上拜访了徐国。徐国国君非常热情地接待了季札，两个人谈古论今，畅叙幽情，很是投缘。

　　有一次，季札正与徐君聊天，突然发现徐君总会时不时地看看自己身上所佩的宝剑，喜爱之情表露无遗。季札明白徐君的意思，然而因为他还要带着宝剑出使他国，没有办法即刻把宝剑赠予徐君，因此只能在心中暗许：等待我出使归来，必定将此剑赠予知己。

　　后来，季札离开了徐国，继续他出使各国的使命，先后去了鲁、齐、郑、卫、晋等国。

　　终于，季札踏上了归途。此时此刻，他心中所想的第一件事就是赶到徐国，把徐君曾经属意的那把宝剑赠予徐君。

　　然而，季札返回徐国后，却听闻徐君在不久前已因病身亡了。

　　季札得知这个噩耗后，既悲痛又懊悔，心想当时虽然不能把宝剑赠予徐君，但至少可以表露一下自己愿意在出使归来时将宝剑送给徐君的想法，然而当时未说的话，转眼之间已经来不及说了。他又想起那时徐君定然

是怕自己为难，虽然那么喜欢，却从未宣之于口，更觉悲痛。

　　季札来到徐君墓前，行过大礼以后，哽咽着说："徐君，其实上次我就知道，您非常喜欢我的这把宝剑。可您知道这把宝剑是我出使各国时代表吴国的信物，没有办法轻给人，因此您什么也没对我说。我当时就下定决心，在出使归来的时候，一定要亲自把它献给您。然而，我现在回来了，您却不能亲眼再看到这把宝剑，但我还是愿意把这把宝剑赠予您，希望您在天有灵，明白我的心意！"说着，就从身上取下了那把宝剑，恭恭敬敬地将它挂到了徐君墓前的一棵松树上。

　　一旁的随从看到季札执意把宝剑挂在树上，纷纷劝他："算了吧，徐君已经不在了，您把宝剑挂在这里，他也不可能看到。再说了，当时您也没有许诺要送他宝剑，不必如此在意啊！"

　　季札正色说道："当时我虽然嘴上没说，但是在心里已经许诺要把宝剑送给徐君。尽管现在我所做的一切徐君已经无法看到，但我依旧不会违背当时在心中许下的诺言，这是我如今唯一可以为徐君做的事了。"

## ◇孔明点评◇

　　这个故事之所以感人，是因为守信者季札怀揣一个理念，那就是人言为信，心灵的许诺甚于前者。承诺虽然未宣之于口，却藏之于心，比泰山还重，故此，当他的朋友徐君已抱憾九泉的时候，他做出了挂剑而践诺的决定。平心而论，季札之诺并不难兑现，难的是什么呢？不欺心，则心中日月常新美；不逆心，则心明如镜，时时刻刻拥有如莲的喜悦；不违心，则上善若水，善莫大焉！

# 曾子教子重诚信

曾子，姓曾，名参，字子舆，春秋末年鲁国人。曾子在十六岁的时候拜孔子为师，十分勤奋好学，颇得孔子真传。

儒家重视诚信，曾子就是一位守信践诺的人，即便是对自己的孩子，也是如此。

有一次，曾子的妻子要到集市上去，她的儿子也想去热闹的集市玩耍，于是便哭着闹着一定要跟着母亲去。母亲很是为难，便笑着对孩子说："这次妈妈要去买很多东西，而且集市上人又多又挤，妈妈担心到时候没有办法好好陪你玩儿，要不下次妈妈不买东西的时候再带你一起，好不好呢？"可是儿子并没有一点儿期待下次的意思，哇哇大哭，甚至蹲在地上拉住她的腿，不让她出门。曾子的妻子没有办法，想到自己的孩子平时最喜欢吃猪肉，便哄他说："好孩子，不要哭了！你在家乖乖的，如果你听话，等妈妈回来就杀猪给你吃，好不好？"

到底是知儿莫若母，儿子听到如果自己不去集市，妈妈回来就杀猪给自己吃，一下子就停止了哭泣。他用小手抹干眼泪，乖乖地说了句："妈妈再见！快点儿回来呀！"

曾子的妻子顺利地在集市买了东西，然后高高兴兴地回到了家。出门前跟孩子说过的那些话，她早已抛到九霄云外了。

"我回来啦，快接一下我，看我给咱们买了什么！"一回来她就呼喊着曾子。曾子接过她手里拿着的东西，说了句："老婆辛苦了！我这就给咱杀猪去！""杀猪？你疯了，不过年不过节的，为什么要杀猪啊？"曾子见他的妻子满脸疑惑，很是不解："你在出门前不是跟孩子说，如果这次他不闹着和你一起去集市上，你回来就杀猪给他吃吗？"妻子听后恍然大悟：

"嗨，那会儿我不过是哄孩子罢了，不然他一直闹着，我还怎么去给咱买东西呢？你这么大人了，居然还信以为真啊？咱们家养的猪，哪是说杀就能杀的？"曾子听了妻子的话，有些不悦，严肃地对妻子说："这就是你的不对了！你知不知道，跟小孩子是绝对不能开玩笑的！因为小孩子没有思考和判断能力，我们作为父母要去教导他们，不仅是言传，更要身教。如果你欺骗孩子的话，那么他将来也会去欺骗其他人。而且，你作为他的母亲，却随口欺骗他，有没有想过，孩子将来还怎么去信任你？孩子连自己的母亲都不能信任，又怎么能够去相信别人呢？这对他的一生，都必然会有着很大影响。因此，要教育孩子成为正人君子，就一定不能失信于孩子啊。"妻子听后，觉得曾子说得确实在理，便不再阻拦。

### ◇孔明点评◇

就字面而言，应该是曾子劝妻重诚信，教子不过是故事的延伸而已，诚所谓言传身教是也。言传身教，潜移默化，耳濡目染，本来是最不该忽视的教子之道，却常常被一些父母忽视了，或者忽略了。他们以为孩子不懂事，无理性，好糊弄，没有什么大不了的，殊不知父母的无心食言常常导致孩子的有心模仿。曾子是智者，所以发现了妻子的不妥，并及时予以提醒，使妻子明白了个中利害。对孩子，不许诺言则罢，一旦许诺，哪怕无心，也必须兑现，这和重耳与楚王相约退避三舍的道理是一样的。曾子的孩子会长大，无论为官为民或者经商，诚信一旦成为他的个人品质，也必会使他获得做人的红利，从而使他在事业上获取更大的收益。

# 魏文侯守约风雨无阻

魏文侯，是战国时期魏国的开国君主。

有一次，魏文侯和虞人（管理山泽的小官）约定好某天要去附近的一座山上打猎。

这天到了，魏文侯一时没有想起曾经和虞人的约定，和几个大臣在宫中喝酒取乐。酒过三巡，君臣们都喝得很开心，也很惬意。

这个时候，天突然下起雨来。望着窗外的雨，魏文侯突然想起，几天前曾与虞人约好，今天要一起去附近的小山上打猎。于是他赶忙命令随从为自己打点行装，备好马匹与弓箭，准备外出打猎。

与魏文侯一起喝酒取乐的大臣们十分不解，便说："今天喝酒这么开心，此刻天又下起大雨，大王您这是要去哪里呢？"

魏文侯回头看看在座的各位臣子，很不好意思地说："我原本和虞人约好，今天一起去附近的山上打猎的，不料一时竟然忘记了，真是太不应该了！虽然现在我很快乐，然而既然早先已经与虞人约好，难道我可以不遵守约定吗？就算天下大雨无法打猎，那么至少我也应该去给虞人一个交代啊！"

于是，魏文侯便冒雨出发了。

因为天下大雨，虞人尽管做好准备等着魏文侯，心里也想大王大概是不会来了。所以当他看到冒雨而至的魏文侯，真是既吃惊又感动。后来两人都觉得雨太大了，还是应该改日再去打猎，于是便又重新约定了日子。

魏文侯走后，虞人感叹说："真是没有想到啊，大王为了践行约定，居然会冒雨前来，亲自解释！真是位值得信赖的君主啊！"

◇**孔明点评**◇

　　这个故事很普通，但意义重大。魏文侯和虞人，一个是国君，一个是小官，地位悬殊。按照常人的逻辑或理解，二人相约去打猎，以前者之尊贵，爽约算不得什么，一个借口就可以搪塞；以后者之卑微，哪怕对方无理由食言，也不能过于较真。现代社会，这样的例子比比皆是。即便回到魏文侯的时代，不守约的事恐怕也不会很少，否则就显现不出魏文侯的与众不同了。俗话说，以小见大。魏文侯之所以能成为一代明君，他在位时期之所以能使魏国强大，与他个人言而有信的德行应该不无关系。作为人言而有信，一辈子必不会孤立；作为君言而有信，一国的民众必然心悦诚服，愿意跟随而拥戴。个人魅力会成就国家魅力，魏文侯算得一例。

# 商鞅立木为信

商鞅，是战国时期的政治家、改革家、思想家，法家代表人物，是卫国（在今河南安阳）国君的后裔，姬姓公孙氏，故又称卫鞅、公孙鞅，后因在河西之战中立功获封商於十五邑，号为商君，故又称商鞅。

公元前361年，秦国孝公即位。秦孝公为了使国家迅速富强起来，广招人才，他下令说："不论是秦国人还是从外国来秦国的，只要有好的办法能让秦国富强起来，我就封他做大官！"秦孝公的命令一下，就有不少有志之士投奔秦国。这其中就有卫国人公孙鞅，也就是后来的商鞅。

商鞅来到秦国，对秦孝公阐述了自己的政治改革主张。他认为，一个国家要想富强起来，首先应当重视农

业发展；而要治理好国家，必须赏罚分明，并且让朝廷有足够的威信，只有朝廷有了足够的威信，改革才能够顺利进行。秦孝公认为商鞅说得很好，可是，秦国的其他贵族和大臣并不赞同商鞅的意见，极力反对商鞅的主张。秦孝公因为新近即位，尽管自己也赞同改革，但看反对的意见这么多，也就暂时作罢了。

过了两年，秦孝公见秦国的各项事务都已顺利进行，也获得了一定发展，认为自己的统治已经巩固，于是便想着手改革。他让担任左庶长的商鞅起草了改革的法令。可是，如何在百姓中树立威信，让他们配合国家的改革呢？于是，商鞅便想了一个办法。

商鞅命人在都城的南门立了一根高三丈的木头，然后贴了一张告示说："谁能把这根木头由南门扛到北门，就可以获得十两金子的赏赐。"不一会儿，贴告示的地方就围满了人，十两金子毕竟还是很诱人的。不过大家也很疑惑，那根木头又不是很沉，谁想拿都能拿得起，从南门到北门也不算太远，为什么就能轻而易举地得到十两金子呢？大家议论纷纷，都以为这张告示只是一纸玩笑，说不定还是个陷阱。于是，看的人虽多，却没有人去碰那根木头。

商鞅知道老百姓这是不相信他那张告示上的内容，于是便派人换了一张告示，别的内容没有变，只是把奖励的金子提高到了五十两。看热闹的人一看奖金竟然被提高到五十两，更觉得不合情理，心想其中必有猫腻，故而还是没有人敢去扛那根木头。

就在大家议论纷纷的时候，一个声音突然响起："我来试试吧！"只见人群中一个年轻人，阔步走到木头前，扛起那根木头，从南门出发，走向了北门。商鞅二话没说便让人给了那位年轻人五十两金子。老百姓这下都明白了，这位左庶长的命令不是玩笑，说到就会做到。

后来，商鞅把起草的新法令公布了出来。老百姓知道左庶长的法令是说一不二的，因此都严格按照商鞅颁布的新法行事，变法收到了很好的成效。

## ◇孔明点评◇

　　商鞅之所以立木为信，恐怕深层的原因是当时秦国缺少诚信，至少老百姓不相信官府能说话算话。对一个国家来说，这是可怕的，也是致命的。古话说："皮之不存，毛将焉附？"国无信不立，民无信不宁。人心是钢筋，诚信是水泥，唯有二者凝聚，才能支撑高楼大厦。商鞅是智者，秦孝公是明君，二人都深谙此道，所以变法的第一张牌便打诚信牌，使诚信深入人心，变法才不会被轻视，被稀释，被颠覆。国如此，家如此，人更应如此。诚信确立，则人格、人品确立，中国梦的实现才指日可待！

# 郭隗巧劝燕昭王

　　燕昭王即位后，求贤若渴，立志要使燕国富强。这个时候，有人向他推荐老臣郭隗，说郭隗很有见识，也许对于如何求取人才会有好的建议。于是燕昭王亲自登门拜访郭隗。

　　见到郭隗，燕昭王非常诚恳地问他："齐国曾趁着我们国家的内乱来侵略我们，这个耻辱我至今难忘。可是如今燕国国力尚不强盛，根本无法与齐国抗衡。我很想求取有识之士，辅佐我治理燕国，使燕国能够强大起来。不知道先生您能否向我推荐这样的人才呢？"

　　郭隗听后沉思片刻，说："您让我推荐人才，我一时也想不出合适的人选。不过，我这里有一个关于求取人才的故事，希望大王能够听一听。"燕昭王很好奇，

说："愿闻其详！"

于是郭隗便讲了这样一个故事：古时候，有一位国君，想得到一匹传说中的千里马，便派人到处找寻。可是，派去的人遍访各地，找了三年也没能找到。后来这位国君的侍从打听到远处某地有一匹名贵的千里马，便跟国君说，希望带一千两金子去为国君购买这匹千里马。国君听后很高兴，二话没说，便给了这位侍从一千两金子，让他去买千里马。然而当这位侍从赶到那个地方时，这匹千里马却死了。侍从心想，难道就这样空手而归吗？他考虑了很久，心想一定得跟国君有个交代。于是他拿出了五百两金子，向主人购买了这匹千里马的尸骨，把它带了回来向自己的君主复命。那位国君知道了事情的原委，看着那所谓的千里马的尸骨，怒发冲冠，说："我要的是活马，你花了那么多钱，给我买回一匹死马的骨头有什么用？"侍从则不慌不忙地说："大王息怒！虽然今天我花重金买回来的只是一匹马的尸骨，但大王您试想一下，您当初欲以千金寻购千里马，尽管找到的千里马不幸亡故，依旧乐意以重金买回马骨，若天下人听闻此事，必定认为大王您是信守诺言、说一不二的真君子，那么，还担心没有人将活的千里马送来给大王吗？"那位国君听后，觉得侍从说得很有道理。果然，不到一年，国君就买得了三匹千里马。

郭隗讲完这个故事后，对燕昭王说："大王如今求贤若渴，那么，不如就把我当作千里马骨来试一试吧！"

燕昭王听后恍然大悟，于是便拜郭隗做老师。各国的贤才看到燕昭王对待年老的郭隗尚且如此礼遇，便纷纷前来投奔。后来著名的乐毅、邹衍、剧辛等贤才，都因此而投奔了燕国。燕昭王广纳贤才，国力日益强盛。燕昭王二十八年（前284），燕国联合秦、楚、赵、魏、韩诸国攻打齐国，占领齐国七十余城。这是燕国最辉煌的时期。

◇孔明点评◇

所谓"千金市骨"，其实是郭隗即兴所编的一个故事而已，他要告诉燕昭王的是一个道理，而非一个故事。人才如同千里马，与其访求，不如吸引，而吸引靠

什么呢？只有诚信！以诚信吸引，做的总比说的更具蝴蝶效应。千金市骨的道理很浅显，燕昭王一听就懂，所以从善如流，接受了郭隗"自荐"，并拜郭隗为师。一个国家多些郭隗之识，再多些燕昭王之明，所谓人才不过是咬钩的鱼罢了。

# 韩信重诺报漂母

　　韩信，西汉的开国功臣，被封为淮阴侯，是中国历史上杰出的军事家。

　　韩信当初还是平民的时候，十分贫穷。既不能被推选为官吏，又不会以买卖谋生，经常依附别人吃喝，久而久之，人们都很讨厌他。

　　韩信曾经投靠一位亭长，天天在亭长家吃饭，几个月后，依旧没有离去的意思。亭长的妻子对他很是嫌恶，时间一长忍无可忍便心生一计。这天她早早准备好饭食，然后端到自己床上吃掉。到了开饭时间，韩信发现亭长家竟然早已吃完了饭，便生气地离开了。

　　没有了亭长的接济，韩信的饭食没了着落，饥肠辘辘的他拖着沉重的步伐来到了城外的江边，看到江水

清澈，鱼儿们正欢快地游动，灵机一动，决定在江边钓鱼，心想钓上鱼拿到集市上卖，卖了钱就可以有饭吃了。于是他便自制了钓鱼的工具，坐在江边，等鱼上钩。

可是，韩信钓来钓去，鱼儿就是不肯上钩。他肚子饿得咕咕叫，心烦不已。

这时，一位在江边漂洗丝絮的老大娘看到韩信一脸焦躁的样子，不禁问道："孩子，你怎么了？"韩信此刻正饥饿难忍，抬头望见那位老大娘慈祥的笑容，就诚恳地说："我没钱吃饭，原本想钓鱼拿去卖钱，谁知道连鱼儿都不愿帮助我啊！"老大娘听后，觉得韩信十分可怜，就把自己的饭分给他吃。之后老大娘每次来江边的时候，都会给韩信多带一份饭食。

终于，老大娘的漂洗工作要结束了，便与韩信告别，说："孩子，我不再来江边了，你要好好为自己的将来打算打算，要自食其力才行啊！"韩信非常感激地说："我一定不辜负大娘的期望，干出一番事业，好好地报答您！"老大娘听后只是淡淡一笑，说："我帮助你从来没有指望过你的报答，我只是希望，你作为一名男子汉，要懂得自食其力，将来不论干什么，都要学会自己养活自己才是！"

韩信拜别老大娘后，便离开了家乡，准备到外面去创出一番事业。终于，韩信没有辜负老大娘，也没有辜负自己，在楚汉相争之时，成为刘邦军中的大将，协助刘邦夺取了天下，建立了汉朝。后来刘邦封韩信为楚王，以下邳为都城。

韩信功成名就后，就去找那位曾经帮助过自己的老大娘。他知道老大娘的生活境况并不是很好，于是便给了她一千两黄金，希望她在生活上无虞。老大娘原本不想接受，但韩信说："当年若不是大娘您真心待我，给我饭食，我可能都无法活下去，再别说取得今日的成就了，希望您不要推辞。"老大娘听后觉得韩信十分真诚，便收下了那一千两黄金。

后世人们所说的成语"一饭千金"，就来源于这个故事。

### ◇孔明点评◇

　　韩信重诺，一饭千金，这当然算得人间佳话，但我以为韩信重诺还在其次，漂母的施食才是难能可贵。试想，堂堂七尺男儿，四体不勤，五谷不分，莫说功名利禄，连个鱼都钓不上来，饥肠辘辘又能怪谁呢？河边漂母并不富裕，漂洗为生也是艰难度日，按照常理或者一般人的逻辑思维，她有一百、一千个理由不必向眼前的七尺男儿施舍食物，因为她自己更有理由伸手乞食！但漂母没有嫌弃韩信，也没有过多去想，而是在自己力所能及的范围内向面前的年轻人施以微薄却十分管用的援手。不是一次，而是多次；不是一天，而是一段时间。老人的施食行将结束时，对韩信好言相劝，劝他自食其力。老人的帮助与善言温暖了韩信，使他没有放弃建功立业的抱负。至于他发达后以千金重报漂母的一饭之恩，当然算得是诚信君子，毕竟在现实生活中，忘恩负义、恩将仇报者还大有人在呢！

# 张良守信获兵书

张良，字子房，颍川城父（在今河南平顶山）人，
他是秦末汉初杰出的谋士。

张良的祖先是韩国人，他的父亲张平去世后二十
年，秦国灭掉了韩国。当时，张良还很年轻，并没有在
韩国担任官职。韩国被攻破后，张良家尚有家奴三百
人，并不算没落，但是弟弟死了张良也不厚葬，而是拿
出全部家财去访求刺客谋刺秦王，意图为韩国报仇。

终于有一天，张良招募来一位大力士，并让人为他
打造了一个一百二十斤重的大铁锤，想以此寻机击杀秦
始皇。恰逢秦始皇到东方巡游，张良和刺客便埋伏在博
浪沙，想伺机刺杀秦始皇。谁知天不遂人愿，他们的大
铁锤只击中了一辆随从的车。秦始皇得知这是有人要刺

杀自己，大怒，在全国进行搜捕。张良于是改名换姓，逃到下邳躲避。

一天张良在下邳的圯桥上散步，突然来了一位老人，身穿粗布短衣，走到张良身边，故意把他的鞋子甩到桥下，然后回头对张良说："小子，下去给我把鞋子拾回来！"张良心情本不好，听到这话，便越发气恼，但看到老人年事已高，于是忍住气，下桥把鞋给老人拾了回来。谁知老人非但不感谢，又对张良说："把鞋给我穿上！"张良心中更是气恼，可一想到他毕竟那么大年纪了，既然已经给他拾来了鞋子，再给他穿上也就是举手之劳吧！于是便跪下给他穿鞋。老人伸出脚让张良给他穿上鞋，然后笑着就走了。张良觉得这个老人挺奇怪的，便目送老人离去。

老人走了约一里地，又返回来，对张良说道："孺子可教！五天后的拂晓，来这里与我相会。"张良越发觉得这位老人的神奇，便赶忙跪下说："好的。"

到第五天的拂晓，张良穿戴整齐来到约定的地点。可没有想到，老翁已经先在那里了。他看到张良，生气

张良守信获兵书

地说："跟老人约会，竟然迟到，怎么回事？五天后一大早，再来这里相见吧！"说完，老人头也不回地离去了。

五天后，鸡刚叫过，张良便急匆匆赶去。可他没想到，老人还是先到了。看到张良，老人又生气地说："你竟然又迟到了！过五天，再早点来吧！"说完，又愤然离去。

又过了五天，张良不到半夜，就来到约定的桥上。这一次，他总算比老人先到了，不一会儿，老人也来了。看到张良，老人终于露出了笑容，欣慰地说："这样才对嘛。"然后他掏出了一部书，对张良说道："你读了这部书，将来就能做帝王的老师了！"张良接过那部书，百感交集，忙说："多谢前辈！不知前辈您是？"老人笑笑说："十三年后，小伙子你可以到济北来见我，穀城山下的那块黄石就是我。"说完老翁便走了，转眼就没了踪影。从此，张良再也不曾见到过这位老翁。

天亮以后，张良仔细看那册书，发现竟然是《太公兵法》。自此以后，他便经常诵读这部书，从中学到了

很多东西。

后来，张良成为帝王之师，帮助刘邦完成了统一全国的大业。

### ◇孔明点评◇

　　圯桥授书一直是个佳话。张良能获《太公兵法》，诚信是不可或缺的，但唯有诚信恐怕是不够的。作为韩国落魄贵胄，有抱负、有理想应该是张良忍辱于圯下的前提，否则便不会有这个佳话。显而易见，黄石公在圯下是有备而来，就是为了等候张良吧，有"守株待兔"的味道。他一定在暗地里把张良跟踪、观察了很久，在确认张良不是等闲之辈后，才选择了圯下这个地方以傲慢态度来试探张良的深浅与能耐。张良的表现没有让黄石公失望，他的授书应该是慧眼识人，张良的受书则应该是天助成才。这个佳话给人的启示是忍常人不能忍，才能守常人所不能守，特别是诚信二字。张良做到了，所以成为一代帝王之师，成就了流芳百世的功业。

# 季布一诺成千金

　　季布是楚地人，曾效力于西楚霸王项羽，帮助项羽多次击败刘邦的军队。他非常重信用、讲义气，当时在楚地流传着这样一句谚语："不愿得千金，愿得季布一诺。"

　　后来，项羽兵败，汉高祖刘邦悬赏千金捉拿季布，并且下令，有敢收留隐藏季布者，就要论罪诛灭三族。可是，季布在楚地有极好的声誉，还是有很多人愿意冒着危险收留他、帮助他。

　　开始，季布躲藏在濮阳一个姓周的人家里。周氏说："汉朝悬赏捉拿你非常紧急，追踪搜查就要到我家了，将军如果能听我的话，我才敢献上计谋；如果不能，我情愿先自杀。"季布听他如此说，便同意了。于

是，周氏把季布的头发剃去，并用铁箍套住他的脖子，给他穿上粗布衣服，将他放进运货的大车里，连同周家的奴仆几十个人，一起送到鲁地卖给了朱家。

朱家看到此人时，心里知道是季布，于是将其安置在田庄里劳作，并且告诫自己的儿子说："田间耕作的事，都要听从这个奴仆的，并且一定要给他和你同样的饭食。"

安排妥当后，朱家便乘坐轻便的马车前往洛阳，进见汝阴侯滕公。滕公留朱家喝了几天酒。朱家趁机问滕公说："季布犯了什么大罪，皇上竟然这么急迫地追捕他？"滕公说："季布多次帮助项羽围困皇上，皇上十分怨恨他，所以一定要捉到他。"朱家问："您看季布是什么样的人？"滕公答："我认为他是一个有才能的人，而且为人讲信用也重义气，在楚地声望很高啊！"朱家说："做人臣的各为其主使用，季布被项羽差遣使用，所做的一切完全是职责范围内的事。项羽的臣子难道可以全部诛杀吗？如今皇上刚刚夺得天下，仅凭着个人的私怨去追捕一个人，这不是要向天下人显示自己胸襟的狭小吗！况且凭着季布的贤能而朝廷追捕又如此紧急，他在这种情况下便会向北逃到胡地或是向南逃到越地。由于忌恨勇士而资助了敌国，这不正是伍子胥最终能够鞭打楚平王尸体的原因吗？您为什么不寻找机会向皇上说明这个道理呢？"汝阴侯滕公知道朱家是位大侠客，猜想季布一定是躲藏在了他的家里，于是便应允道："我会尽力一试的。"

不久，滕公等到适当时机，便按朱家的意思奏明高祖。高祖认为很有道理，便赦免了季布，还召见了他，任命他做了郎中的官职。

后世有成语"一诺千金"，就是从这个故事中总结出来的，比喻说过的话，答应别人的事情，就如同千金般贵重。

### ◇孔明点评◇

信用是一种品质，更是一种人情投资。季布因为一诺千金，所以获得了美好的声誉，这声誉成了他终身受益的无形资产，在他遭遇汉高祖悬赏追杀的险恶窘境里犹能死里逃生。佛家讲善报、现世报，季布得到的就

是善报、现世报。试想，如果他没有一诺千金那样的美誉，谁肯帮他呢？天下之大，何处能使他藏身呢？不仅如此，他的诚信播下了种子，使之在民众里发芽，开花，结果。民心向善，诚信为本，季布的路越走越宽，即使逃亡，天也不绝他的去处。

# 郭伋不失信于孩子

郭伋，字细侯，扶风茂陵人（在今陕西兴平），生于东汉光武帝时期，官至太中大夫。他为人守信，在当时颇受称赞。

郭伋任并州太守时，有一次出巡，途经美稷县。郭伋在当地声名很好，连孩子们都知道他的各种事迹。这次，听闻他要来，当地数百儿童便自发地聚集在一起，排练演习了很久，在郭伋到来的时候，各自骑着竹马夹道欢迎他。

郭伋一时被眼前的景象惊呆了，他不知道这些小孩子是在干什么，就问："小朋友，你们这是在干什么呀？"孩子们争先恐后地回答说："我们听说您要来，就在这里欢迎您呀！"

郭伋听到这话，赶忙下马，虽然对方是一群小孩子，他也一一作揖答谢。

在美稷县办完事后，孩子们又闻讯赶来，骑着竹马，欢送郭伋，并问他什么时候会返回。

郭伋立即让随从的人员计算返程的日期，然后告诉了这些目光清澈、满怀期待的孩子们。

后来，由于事情办得十分顺利，在返回美稷县的时候，郭伋发现自己返回的日子竟然比预期的早了一天。考虑到曾与孩子们有言在先，为了不失信于孩子们，郭伋便在县城外的野亭露宿了一晚，等到第二天才进城。

### ◇孔明点评◇

或许在一些人看来郭伋有点小题大做，至少没有必要那么较真，尤其是和孩子。即使在今天，持此论者，恐怕也不在少数。但在我看来，郭伋那样做不但可爱，而且可敬；不但应该，而且难能可贵。其一，和曾子教子如出一辙，不能因为是和孩子约定，就可以漫不经心，模棱两可；其二，恰恰是因为与孩子有约，所以才要较真，不能令孩子失望。郭伋用自己的行动向孩子

们传递了一个可以示范当世、润泽后人的信息：在诚信
上，没有巨细之分，也没有老幼之别。甚至可以这样延
伸：唯有在小事上不苟且、不迁就，才会在大事上不糊
涂、不犯浑！现代社会多些郭伋，中国孩子就会多些希
望。

# 韩康卖药 "不二价"

　　韩康，字伯休，是东汉时京兆霸陵（今陕西西安）人。

　　韩康是一位很有学问的高人，他不但熟习经史，而且十分擅长医道。他生性淡泊名利，于是便游走于名山大川之间，采了药带到京城长安，靠给人看病卖药为生。

　　韩康卖药有一个习惯，就是"不二价"。他的药向来是明码标价，他既不会随意提高药价，也不允许买的人讨价还价，如果对方执意要讨价还价，他便不再把药卖给对方。韩康行医很重视医道，所卖的草药货真价实，而且他会根据对方的病情选择最有疗效又最经济实惠的药卖给对方。因此，买药的人渐渐也就接受了韩康的这个习惯，不再讨价还价，并且十分喜欢让他看病，买他的药。

就这样，韩康以一位医生兼卖药者的身份，一直安然地在长安城生活着。

有一天，有一位陌生的女子来找韩康看病买药。抓好了药，韩康说了价钱，不料那位女子因为不知道眼前这位医者的规矩，便说："大叔，你给我的价钱算得太贵了，便宜一些吧！"韩康只说："我的药向来是明码标价，这里写多少就是多少，我从来不接受讨价还价的。"那女子听了这话，非常不高兴，嘴里嘟囔着："我听说京城中只有韩伯休卖药时不二价，莫非你就是韩伯休，所以才不让我还价？"说完，嘴一撇便转身离去了。

韩康望着女子远去的背影，不禁叹息道："我原想着大隐隐于市，为了逃避出名我只是以行医卖药为生，可是今日才发现，不过一个小小卖药的，居然连小女子都知道我的名字和事迹，那么我还卖什么药呢？"

于是韩康便收拾行囊逃到霸陵山中隐居去了。汉桓帝曾多次征召他出来做官，然而都遭到了他的拒绝。

其实，韩康不明白，如果不是自己始终如一地守着"不二价"的规矩，长安城的百姓又怎能记住一个普通的卖药人呢？

这篇故事出自皇甫谧的《高士传》。

"不二价"的故事，还见于葛洪的《神仙传》。东汉时，汝南市来了一位卖药的老头，他说自己的药有奇效，可以治百病，但是他有一个特点，就是不能讨价还价，口不二价。有人认为，在当时之所以有很多"口不二价"的故事，可能是因为当时讨价还价已经成为一种风气，因此才有人觉得"口不二价"的事值得记载。不过后来，"口不二价"也成为一个成语，既指货物的价钱说一不二，也泛指讲诚信，说出话来不再改变。

### ◇孔明点评◇

其实韩康卖药"不二价"的背后就是诚信二字。是啥就是啥，不欺诈，不玩技巧，不故弄玄虚，既货真价实，又物有所值，使消费者放心，也使卖药者自己安心。这是无言的承诺，更是身体力行的践诺，久而久之，必然声名远播，美誉深入人心，终成口碑。做生意如此，做人何尝不是如此？当代的中国生意人，应该向韩康学习，至少从中明白一个道理：价格是天平，是会称人心的。机心重于诚心，失去的必是消费者的信心。口碑也有善恶美丑，美誉打造善碑，丑名打造恶碑。对商家而言，善碑立于众口，生意不兴隆都由不了自己。

# 阎敞诚信不昧钱

阎敞，字子张，东汉汝南郡平舆（今河南驻马店）人。

阎敞在郡太守府里担任五官掾（州郡的属官）的时候，太守第五常被征召到京城供职。临行前，第五常不知道应该怎样安置自己积蓄的一百三十万钱。带走吧，长途跋涉的，恐怕路上遇到强盗；留在这里吧，自己和家人都走了，留给谁保管呢？突然，他想到了自己的好朋友阎敞，觉得阎敞为人正直可靠，把钱托付给他，一定会好好帮自己保管的。

于是，第五常便来到阎敞家里，恳切地对阎敞说："阎兄啊，小弟这就要进京供职了，路途遥远，携带大量的钱物着实不便，因此，我想托阎兄替我先保管一下我所积蓄的这一百三十万钱。他日都安顿好了，我再来取，不知阎兄意下如何？"

阎敞听后答应说："第五兄且安心把钱放在我这儿吧，我一定替第五兄好好保管。他日第五兄不论什么时候来取都没问题。"

两人商量好后，第五常就把一百三十万钱送到了阎敞家中，而阎敞则当着第五常的面，把钱封好，然后埋到了自家厅堂的地下。

分别的时候，第五常对阎敞说："多谢阎兄替我保管，他日如果阎兄有什么需要，那笔钱你可以尽管先用！"阎敞只是让第五常安心上任，不必挂怀。

其实，阎敞因为正直而清廉，日子过得也是非常拮据。可是后来无论日子怎样艰难，对于第五常留下的那一百三十万钱，他分文也不曾动用。

第五常进京赴任后不久，一场疫病席卷了整个京城。第五常一家也都染上了疫病，最后除了一个年仅九岁的小孙子，其他人包括第五常都先后被疫病夺去了生命。弥留之际，第五常对小孙子说："我自知时日无多

了，咱们家如今只剩下你我，可是不久后我也将离你而去。你年纪尚小，未来的路就要靠自己努力走下去了！当年我在郡上任职的时候，曾把三十万钱寄存在你一位叫做阎敞的爷爷那里，日后如果需要用钱的话，可以去找你阎敞爷爷，他一定会把钱还给你，也会帮助你的！"没过多久，第五常也去世了。

第五常的孙子长大后，想起当年祖父临终前对他说过的事，便打听到阎敞的住处，前去拜访。

阎敞得知来人是昔日好友第五常的孙子，惊喜万分。然而当听闻第五常早已过世，又顿时悲痛不已。不过他很欣慰昔日好友的孙子如今已经长大成人了。接着，他赶忙叫人取出当年第五常在这里寄存的一百三十万钱，交给第五常的孙子。

等到阎敞把钱拿了出来，第五常的孙子一看，竟然有一百三十万钱。可是他清楚地记得，当年祖父临终时对自己说的是三十万钱啊！于是便诚实地对阎敞说："阎爷爷您恐怕是搞错了吧！当年祖父只说是有三十万钱，您现在拿出了一百三十万钱，我如何敢领受啊？"

阎敞听他这么一说，连忙说道："确实是一百三十万钱！可能是当时第五兄病重，一时记错或者话没说清，你听错了吧！你就不要再怀疑什么了，快把这些钱拿回去收好吧！"

就这样，阎敞没有辜负第五常当年的嘱托，终于把这一百三十万钱全部交还给了第五常的后人。

### ◇孔明点评◇

这个故事之所以感人，是因为无论阎敞，还是第五常，都抱有赤子之心。一百三十万钱，非君子，第五常不会轻率托管；第五常弥留之际，非君子，他不会把一百三十万钱说成三十万；死无对证，非真君子，阎敞不会如实、如数交出一百三十万钱。我们时常感叹人心不古。所谓古人心，说白了就是赤子之心，如阎敞与第五常。世俗利欲熏心，他们却能守住本分，保持本色，不令自己的心堕落而受到污染。做人本应该这样的，可惜多数人做不到，所以才有了旷世的咏叹！但无论如何我们应该庆幸而欣慰，毕竟还有阎敞、第五常这样的人，他们是真人，是人之为人的榜样。

# 范式千里践约

范式，字巨卿，东汉山阳郡金乡县（在今山东济宁）人，曾担任郡功曹、荆州刺史、庐江太守等职，为人非常重情守信。

范式在太学学习的时候，与汝南人张劭十分投缘，二人相互学习，相互鼓励，成为非常要好的朋友。学习结束后，二人结伴返乡，终于到了分别的时候。范式对张劭说："两年后，等我们彼此的生活都稳定下来了，我一定去府上看望你，并且拜望尊亲！"张劭很高兴，回答道："到时候，我一定杀鸡煮黍，好好招待兄长！你可一定要来呀！"于是，两人一同约定好两年后相见的日子。

光阴似箭，两年时光倏忽而过。眼看着没几天就是曾经约好见面的日子了，原本激动而喜悦的张劭，却也多了一分紧张，他也不知道这是不是一种害怕希望落空的紧张。

张劭的母亲看到自己的儿子因为盼望朋友的到来，成天坐卧不宁、食不知味的样子，十分心疼，便劝他说："儿啊，瞧你那副焦虑的样子！你们两年前随口说的一句话，说不定人家早就忘了呢！人家来了，咱高兴；不来，也别太难过了！以后肯定还有机会见面的嘛！"

"娘，你是不了解巨卿啊！巨卿这个人很重信义的，他既然曾经与我约定好，就一定会来的！我只是想到他要来，心情激动而已，娘就不要太过担心啦！"张劭的母亲笑着摇了摇头，心想到底是自己的儿子，总是这么死脑筋啊。

约定的那一天终于到了。张劭起得很早，杀鸡买酒，忙活了大半天。可是，午饭时间都过了，范式却并没有出现。张劭心想莫不是路上出了什么状况？他在家坐也不是，站也不是，于是便决定到村口的大路上去等

范式。

就在张劭站在路口望眼欲穿的时候，一辆马车从远方疾驰而来。车里的人探头似乎看到了张劭，便停下车，走了下来。张劭定睛一看，这不是范式又是谁呢！张劭十分激动，大呼："巨卿兄，你可来了！小弟等得好着急呢！"范式见到张劭，也是高兴极了，不过看得出来他的精神并不是很好。范式不好意思地笑了笑，说："我知道，我知道，都怪我，让你等急了！我原本想早些来的，谁知路途中竟然病了好几天，一下子把行程给耽搁了！好在我还是在约定的日子赶来了，不然我可就真是太对不起你了！"张劭听闻此言，连忙关切地问："巨卿兄现在可大好了？其实早几天晚几天都不打紧，只要巨卿兄记得我们彼此的情分，让我能够有机会见到你就好！"范式笑说："贤弟放心，我的身体已经不要紧了！这两年来我一直都惦记着你，也一直盼望着今日的相见呢！快带我去拜见伯母吧！她在家估计等我们也等急了呢！"

此次二人久别重逢，畅谈之间更觉亲热，范式总是笑说他们就好像古时的俞伯牙和钟子期，是知音，亦是生死之交。张劭于是说："我们将来虽不求同年同月同日死，但如果谁先走一步，对方可一定要来送他一程啊！"范式笑着说："那就全靠你这位贤弟来送兄长我啦！"张劭半开玩笑地接着说："生死有命，或许是小弟我先走呢！到时候不知道巨卿兄愿不愿意像这次一样不远千里地来送我？"范式也不禁开起了玩笑："如果贤弟你先走了，做兄长的我，不论身在何方，都会赶来送你长行的！到时候你可千万得等着我呀！"

几天之后，范式依依不舍地辞别了张劭一家，返回了山阳老家。当地的郡守因为范式的声名很好，便请他做了郡府的功曹，由于官府事务繁杂，所以尽管一直惦记着张劭，却也久疏联系了。

有一天，范式像平日一样办公的时候，突然收到一封从汝南来的书信。他一看是汝南来的，一下子就想到了自己的好友张劭，于是赶忙拆开。没等把信看完，范式就忍不住流下了眼泪。他再也顾不得手头的工作，向上司辞行后，连行装也没认真收拾，就急忙上路赶往汝

南。原来信上说，张劭得了重病，恐怕时日不多了，弥留之际，想见到自己平生最好的朋友范式。

不过遗憾的是在范式赶到张劭家的四天前，张劭就无奈地咽下了最后一口气。家人将张劭装殓入棺，可奇怪的是，这副棺木，无论多少个人都无法抬动，因此迟迟不能下葬。

范式终于赶来了，他看着停放在张劭家的那副棺木，真是悲痛欲绝："贤弟，兄长我又来晚了啊！竟然没有能够见到贤弟最后一面，兄长对不起你啊！贤弟，贤弟，为何你不愿意多等兄长几天呢？"一番追思与凭吊后，大家再去抬张劭的棺木，发现并不像之前那般沉重了，几个人很轻松地就抬了起来。

也许，张劭是为了当年与范式许下的诺言，才不肯在未见到他时被抬去下葬吧！

成语"千里结言"，说的就是范式与张劭鸡黍之约的故事。二人远隔千里，如期赴约，其生死之交、信义之风，久久为后人所敬仰称道。

### ◇孔明点评◇

古人不是今人，古代不是现代，千里践约，真不容易。古人的可爱、可敬常常表现在为人处世"一根筋"，不灵活，不变通，自己守信，便生坚信，对朋友不往邪处、歪处去想，就仿佛脑海里只有正能量。人类一路走来，靠的就是这个信仰！人言为信，寄生于心才能守信而不爽约。即如张劭，他对朋友范式深信不疑，即使他的母亲以常人的思维给予合理推测，他也不为所动。于此，张劭的信其实更可贵。

# 乐羊子妻诚实做人

河南乐羊子的妻子，是一位贤惠、诚实的女人。

一天，乐羊子在回家的路上正走着，突然看到前面草丛里似乎有什么东西，在阳光下闪闪发光。他好奇地走过去，拨开草丛一看，竟然是好大一块金子。乐羊子高兴极了，小心翼翼地捡起那块金子，向周围望了望，并没有看到别人，便把那块金子揣到了自己的口袋里，兴冲冲地回了家。

到家后，他神秘地对妻子说："你猜我今天给咱们带回什么好东西来了？"妻子不解，家里也没什么钱，就算去市集，除了粮食等生活必需品，还能买什么呢？她问："你去市集了吗？买了什么？"此时乐羊子脸上充满了得意的笑容，家里条件一直不好，他心想妻子看

65

到这块拾来的金子，一定会喜笑颜开的！于是他便从兜里掏出那块黄灿灿的金子，在妻子面前晃了晃。妻子看到丈夫说的"好东西"原来是这么大一块金子，十分吃惊："你从哪儿弄来的？莫不是干了偷盗之事？"乐羊子撇撇嘴，说："我怎么会干那样的事！这是我在回来的路上捡的，这可是老天赠予我们的礼物呀！"

谁知妻子非但没有高兴，反而神情严肃地说："我听说有志气的人不喝'盗泉'的水，而廉洁正直的人不接受'嗟来之食'。这块金子一定是哪个人不小心丢在路上的，你捡到别人丢的东西，应该想办法还给失主。你这样捡了别人的东西而据为己有，难道不是在玷污自己的品德吗？"

乐羊子听了妻子的话，觉得十分惭愧。于是拿着那块金子，回到捡到它的地方，又丢弃到草丛中了。

不久，乐羊子到远方拜师求学。家里只剩妻子与婆婆相依度日。妻子操持家务，照顾婆婆，十分细心周到。

有一次，邻居家养的鸡跑到乐羊子家的院子里，婆婆看到了，心想儿媳平时那么辛苦，家里养的鸡从不

舍得吃，这次刚好白来了一只鸡，不如煮了给我们娘俩好好补补。于是便抓住那只鸡杀了后把它做成了菜肴。吃饭的时候，乐羊子的妻子很奇怪为什么今天的餐桌上多了一只鸡，家里的鸡可是一只也没有少啊！问婆婆，婆婆说："今天下午我看院子里多了一只鸡，心想是老天爷可怜咱娘俩，就把它杀了。"乐羊子的妻子听到这话，已经想到这估计是邻居家无意跑过来的鸡，于是只是哭而不动筷子。婆婆搞不懂她在难过什么，乐羊子的妻子说："怪只怪咱们家太穷啊，不然饭桌上也不会有别人家的鸡！"婆婆听后，十分惭愧。后来两个人挑了自己家里一只最大最肥的鸡，还给了邻居。

尽管有些事可能真的只有天知、地知，但只要我也知，便不可以欺心，此乃乐羊子妻的诚与信。

### ◇孔明点评◇

做一个诚实的人，说易也难，说难也易。说易，是因为一就是一，二就是二，照着说，照着做，言行一致就行了；说难，是因为人不是孤立的，常常受制于社会，受制于人情世故。但做人是有底线的，可以说错话，不可以说假话；可以做问心无愧的事，不可以做违背良心的事。人是有私欲的，可以被理解，甚至可以被宽容，但不能因此就任由私欲膨胀，乃至于突破做人的底线。乐羊子妻子的可贵之处在于始终坚守做人的底线，所以不能默许丈夫"捡"了黄金而昧为己有，不能默认婆婆杀了跑进自家院子的邻居家鸡。此事不可谓大，也不可谓小，却闪烁着"人之初，性本善"的光辉。

# 曹操守信践誓约

曹操，字孟德，是东汉末年杰出的政治家、军事家、文学家，三国曹魏政权的奠基者。

曹操年少时，听闻太尉桥玄，见多识广，很善于观察识人，只要和他谈过话，他就知道你将来是否能有成就。曹操很想知道自己将来是否能成大业，便特意来拜访桥玄。

桥玄和曹操谈过后，不禁惊异地说："你将来可以担当安邦定国的大任呀！"曹操听到桥玄对自己的判断，与自己心中所想不差分毫，很开心，也很感激。临别时，桥玄半开玩笑地说："我年长你二十九岁，你功成名就的那一天，我恐怕也看不到了。只希望日后你路过我的墓前，不要忘了和我打个招呼，让我在地下也能知道，自己今日的判断是否准确！"曹操感念桥玄对自己的赏识，便一口答应了下来。

后来，三十年过去了，曹操在官渡大战中打败袁绍，初步统一北方。而这个时候，桥玄却已经去世多年了。东汉建安七年（202），曹操在谯县驻军时，特意来到桥玄的墓前，备好祭品祭奠桥玄，还亲笔为桥玄写了祭文。也许，只有曹操自己心里明白，桥玄的话在当年对自己意味着什么，而他也一直没有忘记他们彼此的誓约。

除了对知己信守誓约外，在军中，曹操也是一位说一不二的统帅。

东汉建安三年（198），曹操亲自率兵在清水东岸征讨张绣。行军途中，他看到地里的麦子都已经成熟，可是却没有百姓在收麦子。原来，这里的百姓听闻大军逼近，十分害怕，纷纷逃跑了。

曹操想到多年以来，战祸连连，最受苦的其实是各地的百姓。然而此刻出兵也是刻不容缓的事，他便想至少要为百姓们做点儿力所能及的事，于是他下令："我们是奉天子之命来讨伐逆贼，为民除害的，因此断然不

可以做损害百姓利益的事。我现在下令，如果发现有官兵践踏损毁麦田的，立即斩首示众。"

各队官兵接到这个命令后，在经过麦田的时候，都牵着马，小心翼翼地生怕有一点儿差池。曹操在一旁的大路上看到此情此景，心里很觉安慰。突然，不知从哪里飞来一只大鸟，尖厉的叫声惊了曹操的战马使它一下失去了控制，乱窜乱跳，居然就跳到麦田里踩倒了一大片黄灿灿的麦子。

对于这一幕的发生，曹操也是始料未及。他叫来随行执法官，要求给自己判罪。执法官很为难："怎么能治丞相您的罪呢？况且，这件事也只是个意外，就这么算了吧！"

谁知曹操却说："军令如山，我制定的法令，难道自己可以不遵守吗？如果连我都不能严格遵守法令，那么我还有什么资格去要求我的部下遵守呢？一个不讲信用的人，是无法统率千军万马的啊！"说着，抽出身上的佩剑，便要自刎。

执法官看到曹操竟然真的要拔剑自刎，赶忙上前阻拦，并说："古书《春秋》上说'法不加于尊'。丞相您现在统领大军，尚有重任在身，如若自杀，谁来担此重任？"

曹操闻此，停下了手上的动作，沉思良久，严肃地说："你们说得也有道理。既然《春秋》上那么说，我又担负着天子交付给我的重任，确实是不能自裁的。可是，我也不能说话不算话，不能不守军纪，我犯了错误总该要受到惩罚的！"说完，曹操又操起自己的佩剑，割断了自己的一束头发。

曹操将割下的头发扔在地上，说："丞相践踏损毁麦田，依法本该斩首示众，然而军中不可没有统帅，因此以割发代斩首！"

对于古人来说，头发受之于父母，也是不能随便割掉的。因此，曹操尽管只是割发，却也是件非同小可的事。军中官兵无不敬佩曹操严于律己、说一不二的精神。

◇孔明点评◇

两个故事，一私一公，都足见曹操的为人确实可圈

可点。与桥玄属于私约，藏之于心，念念不忘，终于在三十年后兑现了诺言；与三军之约，则是公约，公之于众，他带头遵守。以丞相之尊，以统帅之威，曹操能割发以"自裁"，确实难能可贵。这样的事放到今天，恐怕"肉食者"未必都能做到。曹操是一代枭雄，也是一代明主，他深知"诚信"二字的分量。古今中外，欲成大事者，都不敢慢待"诚信"二字。可以说讲诚信是曹操服众而受到拥戴的法宝之一。

# 太史慈如期而返

太史慈，字子义，是东汉末年的著名武将，擅长骑射。他先是刘繇的部下，后来被孙策收降，成为东吴大将。

太史慈跟随刘繇的时候，并没有得到重用，只是担任一个负责侦察军情的小官。有一天，太史慈带着几个小卒在神亭遇到孙策。此时孙策身后跟着的是黄盖、韩当、宋谦等猛士，太史慈一干人等自然不是对手。几番对战后，孙策刺倒了太史慈骑的战马，而太史慈也抢到了孙策的头盔。激战到难分胜负时，双方军队皆赶到神亭，二人这才停战收兵。

后来刘繇战败，向芜湖的山中逃去。而孙策平定了宣城以东一带后，只剩下泾县以西部分郡县尚未平定。

太史慈此时驻兵泾县，准备坚守到底。孙策亲自攻讨泾县，太史慈终因寡不敌众吃了败仗，并被孙策的部下擒获。

孙策看到被擒的将领是太史慈，赶忙让人为他松绑，因为上次对战中，太史慈的勇猛已深深打动了孙策。孙策没有想到还能再次遇到当时的勇士，于是便上前握着太史慈的手说："您还记得上次在神亭时咱们的激战吗？如果当时我失利战败而被您擒获，您会怎样处置我呢？"太史慈为人向来比较实诚，他抓抓头说："这我没想过，不知道！"孙策听后大笑道："其实那次之后我十分欣赏您的勇猛果敢，今后的路，就让你我一起闯荡吧！"

孙策随即便封太史慈为门下督，返回吴国后授予他兵权，拜折冲中郎将。

后来，刘繇在豫章丧命，其部下有万余兵士无人可以依附。因为太史慈曾是刘繇的部下，孙策便派太史慈前往招安那万余兵士。孙策手下的其他人都规劝孙策说："这样不妥，太史慈原本是刘繇的部下，和刘繇军中的人都熟悉，您现在派他去招安，恐怕他会一去不返，拥兵而成一方势力，对我们不利啊！"然而孙策却语气坚定地说："诸位放心，我深知子义不是那样的人！再者说了，子义如若舍弃了我，还可以投奔谁呢？"

孙策为太史慈饯行，送他到昌门，临别时握着太史慈的手说："子义此去，不知何时能够返回呢？"太史慈也用真诚的目光看着孙策，说："最多也就六十天吧！"孙策点点头，说："那我就在此等着你带好消息回来！"

六十天后，太史慈果然如期而返，还带回了那万余兵士，充实了东吴的军队。

### ◇孔明点评◇

诚实包含了两层意思，一层是重然诺而不爽，另一层是许然诺而不疑。太史慈如期而返，固然是信义之士，孙策用人不疑，却也算得是知人善任。两人"相知"是前提，缺了这两个字，孙策不会轻率地给予太史慈如许重托，也就不存在太史慈重然诺的机会。豪强的

胸怀与战将的信义，相辅相成，相得益彰，才能成就这
一则人间佳话。

# 嵇康与山涛，
# "绝交" 不绝情

嵇康，字叔夜，是三国时著名的思想家、文学家和音乐家。他曾娶曹操的曾孙女，在曹魏官至中散大夫，因此也被称作嵇中散。山涛，字巨源，是三国曹魏及西晋时期的政治家、名士。

嵇康与山涛原本是很好的朋友，他们都好老庄之学，都不满当时曹氏与司马氏为了争权夺力而使得社会混乱的状态，于是和阮籍、向秀等一共七人，经常在竹林里畅谈理想，逃避乱世，史称"竹林七贤"。

当时，司马氏为了扩大势力，争取社会支持，便想请"竹林七贤"入朝为官。他先去请了山涛。因为司马昭的祖母是山涛的堂姑祖母，山涛实在不好意思拒绝，就答应了。

山涛为官后，还是很有一番作为的。他心想谁当政其实并没有多么紧要，关键是既然当政就要努力造福于百姓。于是，他便推荐自己的好朋友嵇康到朝中做官，希望嵇康也能施展自己的抱负。谁知道，嵇康得知自己的好友山涛竟然有这个意思后，十分气愤。因为他是决计不打算与夺位篡权的司马氏合作的。他知道好友山涛和司马氏有亲戚关系，去做官多少有些身不由己，因而并不怪山涛，也希望他出仕后能好好为官。因为是朋友，他理解山涛，同时也尊重山涛的选择。可是他不明白，为何山涛就不能理解自己的心情，居然也不和自己商量就推举自己去做官呢？难道山涛不知道，我嵇康最痛恨的就是司马氏吗？

气急之下，嵇康就写了一篇《与山巨源绝交书》。这封书信，不但严厉谴责了山涛，还批评了当时的司马氏集团。另外，最重要的是，他希望山涛能够明白，朋友之间最重要的情分，其实是对彼此的尊重与理解。他拒绝了山涛的邀请，坚决不出仕为官。

其实山涛何尝是真的不了解自己的朋友呢？看了这

封言辞激烈的绝交信后，他只是笑笑，便不再和嵇康提做官的事了。

对于嵇康一时冲动说出的话，做出的事，山涛自然不会放在心上。可是，这件事被司马昭知道后，难免怀恨在心。

后来嵇康又多次得罪司马昭。终于有一次，与嵇康素有仇怨的钟会，趁机在司马昭面前陷害嵇康，司马昭于是借机判了嵇康死刑。行刑当日，三千名太学生为嵇康请命，山涛也曾多次请求为嵇康减免罪行，然而司马昭一心要除掉嵇康，谁请命都无济于事。

嵇康临死前，把年仅十岁的儿子叫到跟前，说："父亲对不起你，还未把你抚养成人就要离你而去了。日后你去投靠你山涛伯伯，他是个值得信赖的好人，你跟着他，他会好好照顾你的！只要有你山涛伯伯在，你就不会是没有父亲的孤儿！将来也要好好报答你山涛伯伯啊！"

山涛后来也并没有辜负嵇康对他这位已经"绝交"的老朋友的信任。嵇康死后，山涛尽心尽力地照顾嵇康一

家老小，不但把嵇康的儿子抚养成人，还推举他做了官。

◇**孔明点评**◇

　　无论嵇康，还是山涛，他们都是君子，与生俱来有赤子之心。山涛举荐嵇康为官，并非出自私人交情，而是对朋友嵇康才华的认可，与其让碌碌无为之辈尸位素餐，占有禄位，浪费老百姓的粮食，还不如推荐人中之杰为民做主，起码能使老百姓的日子好过些。基于是，山涛推荐嵇康，应该无可厚非。反过来讲，嵇康以"绝交"的激烈方式拒绝山涛的推荐，恐怕也有良苦用心在里边。以嵇康的聪明智慧，他应该深知唯有"绝交"才能保全自己的朋友不受朝廷的为难和猜忌。可以说"绝交"是应对策略，是经过嵇康深思熟虑之后的决定。嵇康临刑前将自己的儿子托付给本已"绝交"的朋友山涛，也足以说明他的"绝交"并非出自本心，山涛心知肚明，所以才一笑置之。山涛不负朋友所托，不但照顾嵇康一家老小，还把嵇康的儿子视如己出，加以栽培，足见他是诚信的君子，嵇康没有看错人。

# 陶侃饮酒限三杯

陶侃，字士行，是东晋时的著名将领。

陶侃是一个非常有毅力的人，他对自己要求严格，说过的话，即便没有人监督，他也会严格地遵守。

有一次，陶侃宴请殷浩、庾翼等几位名士。那时，陶侃刚刚平定了郭默的叛乱，立了大功，于是大家纷纷向陶侃敬酒恭贺。转眼之间，在大家的道贺声中，陶侃已经两杯酒下肚了。接着是殷浩，举杯说道："祝贺陶将军又立了大功，我先干为敬！"殷浩随即把杯中的酒一饮而尽，而陶侃也举起手中的酒杯，痛快地喝干了杯中的酒。

接着，庾翼也举杯敬陶侃，笑着说道："若是说战功，其实陶将军上次平定苏峻叛乱的功劳更大。来，我

敬您上次和这次立下的大功！"不料这次，陶侃却拒绝
了与庾翼干杯，陶侃不好意思地说道："庾兄，实在是
抱歉，这酒我是不能喝了，但是您的心意我心领了！多
谢多谢啊！"庾翼被陶侃这突如其来的拒绝给弄蒙了，
怎么跟殷浩喝酒干杯的，跟我就不能喝了，这不明摆着
不给面子嘛！酒杯还在手中，庾翼的手却停在半空一时
不知如何是好。殷浩看气氛有些尴尬，连忙打圆场说：
"陶将军，今天大家能聚在一起，就应该开怀畅饮！看
得出您并没有醉，多喝几杯也无妨嘛！"

　　谁知这时，陶侃突然泪流满面，哽咽着拉起庾翼
的手，十分抱歉地说："实在是对不起庾兄您啊，我并
非是有意不和庾兄您喝酒的。只因我曾在家母生前答应
过她，每次饮酒，只饮三杯。而今天，我已经喝了三杯
酒，实在不能再喝，再喝就要违背与家母的约定了！"

　　接着他又道出了自己青年时代的一段往事。

　　很多年前，有一次，浔阳县衙举行宴会，席间觥筹
交错，陶侃醉酒，不省人事，被别人抬着送回了家。酒
醒之后，只见自己的母亲坐在床边嘤嘤哭泣。陶侃忙问

母亲怎么了。母亲用哽咽的声音对陶侃说："你不是总说要为国家建功立业吗？可是你居然饮酒到不省人事，你这样无度地饮酒，纵情欢乐，浪费宝贵的时光，又如何能指望你去为国家建功立业呢？"陶侃听完母亲的话，再看看母亲哭红的双眼，羞愧难当，于是便严肃地对母亲说："娘，我答应你，以后即便要饮酒，孩儿都以三杯为限，绝不会喝第四杯。我一定会发奋努力，将来为国家建功立业的！"

"这就是曾经我和母亲的约定。虽然我的母亲现在已经不在人世了，可是，我一直信守着对母亲的这个承诺，这不仅仅是因为我要做一个诚信的人，不失信于母亲，不失信于他人，更是因为这个承诺里承载着我对于母亲当年殷切期望的回应。所以，就请诸位理解我吧！"陶侃恳切地对在场的人说着。

听到这里，庾翼也不再生气了。他饮尽杯中的酒说："陶将军果然值得我们尊敬，我在这里向您道歉了！"

## ◇孔明点评◇

中国自古有饮酒之习，劝儿节制饮酒的母亲不多，陶侃母亲算是一个特例。有这样的母亲，陶侃长大成人后能建功立业也就顺理成章了。既已向母亲承诺饮酒三杯为限，即使母亲不在人世，陶侃仍不敢轻慢，显见得他是真孝子，是本分人，不是等闲之辈。要知道，古往今来贪杯而不顾一切的人还少吗？李白享有"酒仙"之美誉，"天子呼来不上船，自称臣是酒中仙"，其醉态固然不失豪气，却也足令天子大失所望。与陶侃相比，李白是应该惭愧的。如果他能像陶侃那样饮酒而不超过三杯，焉知他出将入相的抱负就不能如愿以偿呢？酒乱性，能以三杯限制自己，陶侃才堪当大任。愿陶侃能成为饮者楷模！

# 高允正直而诚实

高允，字伯恭，是南北朝时期北魏的大臣，历任郡功曹、中书博士、侍郎等职。

太武帝时，皇帝下诏让高允与司徒（总理全国政务的官职）崔浩编撰魏国史书《国记》。不久高允又先后被任命为秦王拓跋翰与太子拓跋晃的老师，同时高允的很多政治见解也很得太武帝的赏识。

太平真君十一年（450），崔浩因为所编《国记》中有涉嫌讥讽皇族的内容被捕下狱。当时高允正在中书省值班，并不知道发生了什么事，而他的学生太子拓跋晃得知此事后，害怕会牵连自己的老师高允，于是赶忙派东宫侍郎吴延召高允入太子宫留宿。第二天，太子拓跋晃带着高允一起上朝面见太武帝。在进宫门之前，拓跋

晃专门对高允说："等会儿咱们一同觐见皇上，若他问你什么，你可一定要依着我说的来应答啊！"高允不明就里："这是发生什么事了吗？"拓跋晃也来不及仔细交代，只说："等进去你就知道了！"

于是二人一同觐见太武帝。不等太武帝开口，太子拓跋晃先三拜后说道："中书侍郎高允自从被父皇任命为儿臣的老师，便一直出入于儿臣宫中，儿臣与他相处多年，可以说很了解他的为人。高允做事，一向是小心谨慎，对朝廷也可以说是忠心耿耿。高允虽然与崔浩一同修国史，但父皇也很清楚，修史一事崔浩才是主修官，高允身份微贱，不过是一切听命于崔浩罢了。因此，儿臣请求父皇您能宽恕高允！"在一旁听闻此言，高允才终于明白是之前所修《国记》出事了！

太武帝听完太子的陈述后，随即便问高允："《国记》一书当真全都是崔浩写的吗？"其实此时高允只要顺着太子的话说，把一切都推给崔浩便可万事大吉。然而，高允的一席话却让太子的心都快要跳了出来。高允平静地回答说："臣不敢欺瞒陛下。关于《国记》一书，《太祖记》部分为前著作郎邓渊所作，《先帝记》与《今记》是臣和崔浩一起写成的。但是陛下您也知道，崔浩官高而政务繁忙，对于此书，他仅仅做了整体上的修订而已。至于具体的写作，其实还是臣做得多一些。"太武帝听后大怒，说："这么说来，这书上的大部分文字其实出自你手，看来你比崔浩的罪行还要严重，如何能让朕轻饶！"

太子拓跋晃一时情急，赶忙说："父皇息怒，父皇息怒！事情不是这样的！高允只是一介小臣，面见圣颜难免紧张，因此一时神情迷乱说了胡话。儿臣先前问他的时候，他说《国记》确为崔浩一人所作，与他无干的！"

太武帝有些疑惑，转问高允："真如太子所说吗？还不从实招来？"

然而高允再一次让太子失望了。他跪下来，给太武帝磕了一个头，然后依旧用十分平静的语气说道："微臣才疏学浅，不知道所修《国记》到底出了怎样的差池，以致触犯天威。然而一人做事一人当，对于陛下，

臣是万万不敢欺瞒的。《国记》的修纂分工情况正如臣之前所说，句句属实。至于太子，他因为把臣当作老师，不忍心看臣伏法被诛，所以才那样说的！还望陛下宽恕太子！"

太武帝看到高允说话时脸上镇定而真诚的表情，其实多少被他宁死也坚持说实话的精神感动了，于是看了拓跋晃一眼说："也难为你一片苦心了，朕有些明白你为什么要花心思帮高允保命了！"接着又对高允说："你能在死亡面前，依旧敢说实话，敢作敢当，朕很欣赏你！同时这也证明，你对于朕确实是十分忠心的！因此，朕决定不再对你追究此事！"

离开皇宫后，拓跋晃责备高允说："刚才明明照着我说的去做，就可轻松避免祸患，你何苦一定要说实话，让父皇那般动怒，万一真的把你杀了该如何是好，我现在想起来还心有余悸呢！"

然而高允依旧一脸平静，不慌不忙地说："殿下，臣很感激您为臣所做的一切。其实，臣只是区区一介书生，并没有想着靠做官飞黄腾达。然而既然机缘巧合，忝居官位，臣只是按照自己的原则做好自己的事情罢了。历代的史书，都是帝王的实录，现在的人们通过史书可以了解过往，而以后的人们通过史书可以了解我们今天的一切，因此修史最重要的就是'真实'二字。既然修史尚且要求真实，我们做人又怎能自欺欺人呢？臣这样做，只是践行了自己的做人原则，是生是死，臣都不会后悔的！"

拓跋晃听后很是感动，心想：高允果然是值得我尊敬的好老师啊!

### ◇孔明点评◇

一个人的正直与诚实，常常互为表里。不诚实，正直无从说起；不正直，诚实难以自处。高允是二者兼有，所以不躲避灾祸，不推诿责任，不隐瞒真相，敢于担当，敢于面对，敢于实话实说。如果他听从了太子的话，或许能脱开当下干系，但未必就能保证自己永远高枕无忧。因为纸包不住火，真相大白是迟早的。与其欺心而瞒天过海，不如秉善而"铁肩担道义"。诚心可鉴，起码落得个梦稳心安！

# 明山宾诚信卖牛

明山宾,字孝若,南朝梁时平原鬲县(在今山东德州)人。

明山宾生性淳厚老实,他家里很穷,除了父亲留下的一头老牛,可以说是家徒四壁。这一年春天,家里早已没了余粮,只能以野菜熬汤度日,母亲因为长期营养不良而病倒了。对明山宾来说,当务之急一是给母亲看病,二是换点儿粮食给母亲吃顿饱饭!

没有办法,明山宾只好牵着父亲留给他们娘俩唯一的遗产——一头老牛去市集上卖。来到市集,看看其他卖牲口的,那些牛羊个个肥壮,而自己的这头老牛年龄大了不说,因为平时也没有好的草料喂养,又瘦又老还行动缓慢,半天工夫过去了,连个来问价的人都没有。

明山宾心里十分着急。如果不卖掉牛，就没钱给母亲看病，也没钱给母亲买粮食吃。正在他低头沉思的时候，一个人走了过来，摸摸明山宾牵着的牛，说："你这头牛非常瘦弱，怎么卖啊？"明山宾见来了买主，很高兴，赶忙回答说："我的牛没有他们的好，自然也是会便宜一些的！只要三两银子就好！"那个买主一听，这也太便宜，太划得来了，平时一头牛怎么说也要七八两银子啊！他上下打量眼前这位年轻人，心想也许是年纪小不懂得市场行情，这样的大便宜，不捡白不捡。于是二话没说便和明山宾成交了。

买主正要牵着牛走，明山宾又叫住了他，说道："对了，这位先生，我的这头牛曾经患过蹄疾，当时治了很久倒也治好了，不过您一定要记得，役使它的时候，不能让它过于劳累，还有饲养它的牛棚也不能太过潮湿，以免它的蹄疾复发呀！"买主一听这话，尽管明知还是占了便宜，但故意露出不快的神情道："小兄弟，你这就不对了！这头牛我买回去这样麻烦，你还要我三两银子，你得退回我一两！不然我可就不买了！"

　　他原以为明山宾会与他争辩，没想到明山宾只是默默拿出一两银子，递到了他的手中，说："实在对不起，我家就这头牛了，老母亲还等着钱看病。然而我也不想欺瞒您，要是您买回去才发现这头牛有病，肯定会怨怪我的！所以，现在一定得和您说清楚。还是非常感谢您肯买我的牛！"说完，明山宾就转身离去，给母亲请大夫去了。

　　买主握着明山宾还给自己的那一两银子，久久地立在那里，心里百感交集，他被明山宾的诚实深深地打动了。同时，对自己得了便宜竟然还为难明山宾的行为感到十分羞愧。

### ◇孔明点评◇

　　厚道之人，必有可道之处，明山宾就是一位厚道的君子。牛既已贱卖，多说话非但无益，而且可能对自己不利，这个道理浅显得不能再浅显，他应该明白，却偏偏"犯浑"，非要把牛的宿疾告诉买主，结果使本来已贱卖的牛又少卖了一两银子，而他是多么需要银子啊！或许在今天的一些人看来，明山宾就是一个白痴！然而仔细揣摩，就不难觉出明山宾的可爱。痴人足可以信托负。做人本该像明山宾那样的，买卖不成仁义在，买卖既成仁义更要在！明山宾不知令古往今来多少人相形见绌，自惭形秽！

# 皇甫绩守信求责罚

皇甫绩，字功明，隋朝大臣，他的外祖父是北周大司空韦孝宽。

皇甫绩三岁的时候，父母双亡，他便在外祖父韦孝宽家生活。韦孝宽非常重视对子女的教育，早早便请了先生在家里教导孩子们读书。于是，皇甫绩就和他的表兄弟们一起在家里跟着先生念书。

韦孝宽虽然是位慈爱的老人，但为了让晚辈们将来都能学有所成，因此在念书上对晚辈们的要求也是十分严格的。在把先生请来的第一天，他就给这些晚辈们定了一条规矩，凡是无故没有完成先生布置的功课，就要被重打二十大板。

孩子们因为刚刚开始自己的学习生涯，对学习充满了好奇，因此对于这个规矩都不以为意，他们觉得自己一定能按时完成先生布置的功课。

然而，时间久了，大家才体会到，原来读书也是一件很辛苦的事。有一次，上午下课后，皇甫绩和他的几个表兄弟下棋娱乐，原本想着随便下几盘轻松一下就赶快去完成先生布置的功课，谁知皇甫绩与一位表兄刚好棋逢对手，难分胜负，两个人都十分投入，看的人也十分专注，大家一时忘记了时间的流逝。当然，外祖父曾经定下的规矩，也早被他们抛到九霄云外去了。

转眼已经到了下午上课的时间，可是谁也没有完成先生布置的课业。

韦孝宽得知此事后，十分生气。他狠狠训斥了几个孙子后，就要按照规矩，每人痛打二十大板。对此，大家因为知道是自己不对，所以没有什么异议。

不过，看到皇甫绩，韦孝宽却心软了。毕竟，皇甫绩年纪要比其他孙子小很多，再加上他从小没了父母，实在让人有些不忍心打他。于是韦孝宽便把皇甫绩叫到一边，慈爱地说："你年纪还小，这次便不罚你了！但

是希望你能记住这次的教训，以后一定要认真完成先生布置的功课！你要知道，现在不好好念书，将来是不可能有出息的！"

　　然而，皇甫绩却执意要求外祖父一定要按照规矩责罚自己，他对外祖父说："我知道您一直很疼爱我！虽然，我从小没有父母的教育，但能够有幸得到外公的慈爱，已经是我的福气了，我就更应该珍惜才对！如果我从小都不懂得克制自己，勉励自己，好好学习，力求上进，就如您所说，将来我怎么可能有出息呢？况且，这是在先生来的时候您给我们兄弟几人共同制定的规矩，当时并没有说可以例外的！为了让外公不失信于人，我愿意接受责罚！"

　　听了这话，外祖父与表兄弟们都很感动，认为将来皇甫绩一定可以成就大业。后来，皇甫绩长大入仕后成为隋朝开国功臣。

### ◇孔明点评◇

真是少年老成啊！从皇甫绩甘愿受罚足见他"人小

鬼大"，他向外祖父说的一席话句句都在理儿上，其识见令后人刮目相看。这个故事对今人应该有所警示。体罚学生肯定是不对的，如何让学生像皇甫绩那样自觉、自愿接受规矩约束才是重要的，值得借鉴，值得提倡。

# 唐太宗不忌讳真相

唐太宗李世民，是唐朝的第二位皇帝，是唐高祖李渊的次子。高祖武德九年（626），李世民发动玄武门之变，杀掉了太子建成，自己当了太子，并最终登基做了皇帝。

其实，李世民当初也没有料到玄武门事件最后竟然会演变到如此惨烈的地步，因此，后来虽然当上了皇帝，但对当初之事在心里难免也会留下阴影。再加上他本来是一位有雄心、有宏图、有才干、有能力、有思想、有作为的政治家，可是他得到皇帝之位的方式却是"递取"，因此玄武门事件对于他来说，无疑是一个人生污点。

贞观十四年（640），唐太宗想看看国史中对自己是如何记录评价的，可是自古以来，当朝的国史，都是不允许皇帝阅览的。于是太宗便问宰相房玄龄："朕每次阅读前代的史书收获都很大，很多人值得我们学习，很多事值得我们借鉴。既然史书有着这样大的功用，为何当朝的国史就不能让帝王阅读呢？"房玄龄回答说："修史书，自古都要求'不虚美，不隐恶'，对于帝王所做的事情，无论好坏，都要如实写入，这样可以警戒帝王注意自己的言行，不去做过分的事。之所以规定不让君主本人看，是担心史书中若有与君主意见相抵触的地方，君主看到后一定会要求史官修改，而这样一来，很多真实的情况就没有办法被记录下来了！"太宗听后，说："朕的想法不同于古人。朕觉得作为君主更应该好好看看当代的国史，这样才能了解自己所做的一切究竟合不合民心。如若国史上记录的事情是好的自然好，如若国史上记录了朕不善的行为，朕知道了，也好积极改进啊！你们快把修好的国史给朕看看吧！"

由于太宗强烈要求，房玄龄没有办法，只好命人先把国史删减整理，然后抄录好呈献给太宗。因为他还是

担心，太宗虽然嘴上说得好听，但看到国史中对自己不良行为的记录，恐怕还是会动怒吧！

　　呈献给太宗的国史，包括了高祖和太宗的《实录》各二十卷。太宗认真地阅读着，当他读到武德九年的玄武门事件时，看到国史里的说法十分简略，也十分含蓄。他不禁皱皱眉头，对房玄龄说："这玄武门事件，你们可真是一笔就带过了啊！"房玄龄一听到"玄武门"三字，心里就咯噔一下，心想改写到如此隐讳的地步，还是没能让皇帝满意啊！然而出乎房玄龄意料的是，太宗紧接着却说："其实你们没有必要有意隐瞒这件事！古时候，周公东征诛杀了作乱的管叔、蔡叔，从而使得周室得以安定。季友用毒药杀死叔牙，从而使鲁国能够安宁。其实我的所作所为，和古人一样，不过都是为了安定社稷、造福百姓而已。所以，你们根本没有必要避讳这件事，如实把事情的原委写清楚就好！"听了太宗的话，房玄龄很是佩服。

## ◇孔明点评◇

说实话，在中国历史上，像唐太宗这样不忌讳玄武门真相的皇帝还真不多。隐恶，或许是人之常情，但也是等同纸里包火、雪里埋炭、掩耳盗铃。事件无论善恶，一旦发生，知之者众，如何能隐瞒得了呢？远古时代没有文字，尚且口口相传，何况有了史书与春秋笔法之后呢？唐太宗之所以能成为一代雄主、明君，其胸襟见识自然不同常人。他是聪明人，更是明白人，懂得一个再浅显莫过的道理：国史禁忌只能是自欺欺人。与其让后人在口耳相传中以讹传讹，不如把真相实录在纸上，让后人去评说。事实证明，瑕不掩瑜，何况玄武门事变未必就是唐太宗的政治污点，即使在今天也是仁者见仁，智者见智。

# 陆元方卖房自曝缺陷

陆元方，字希仲，是唐代著名的大臣，武则天在位时期，曾被两次拜为宰相。

陆元方在洛阳有一处房产，久无人住，他便想将其卖掉。由于平日里公务比较繁忙，他就托自己的子侄们去寻找买主。陆元方千叮咛万嘱咐，要自己的子侄们在和买主交涉的时候，一定把这处宅子的优缺点都跟对方介绍清楚，然后再让对方决定是否愿意购买。

陆元方的子侄们对此事倒也颇为上心，没过多久，就找到一个买主，和对方谈妥了价钱，并且对方连定金都已经先交付了。

这天，恰好陆元方在家里休息，管家通报有一位自称是要买房子的先生前来求见。陆元方于是热情地接待了对方，他们具体确认了一下总价以及付款的日期。

突然，陆元方似乎想起了什么，神情严肃地询问买主："对了，我的家人告诉你这处宅子的缺陷了吗？"买主很奇怪，说："没有啊！我已经去看过那处宅子了，没发现什么问题，我都很满意。"

陆元方心想，子侄们到底还是年轻，只图眼前利益啊！于是，便十分认真诚恳地对买主说："是这样的，其实这处宅子什么都好，所用的材料都是最好的，庭院的设计也十分优雅，但是当初盖它的时候，由于疏忽大意，工人竟忘了在院子里挖出水的渠道。因此，如果您搬进去不重新改造一下的话，恐怕下大雨的时候，院子里就会积水啊！"

买主一听，皱了皱眉，说："这样的话，着实难办啊！要不你让我再考虑考虑吧！"陆元方十分抱歉地说："小辈们没能跟您说清楚，实在不好意思！那您就考虑考虑再作定夺吧！"然后陆元方恭敬地送走了对方。

后来，买主找到陆元方的子侄，要求他们退还定

金，他决定不买这处房产了。

子侄们开始都很不解，明明说好的，怎么说不买就不买了。后来才知道，原来是陆元方把这幢房宅的"秘密"泄露给对方才让人家反悔了。子侄们都埋怨叔叔怎么这么傻，反正当初他也考察过这处房宅了，没有发现问题，是他自己的事情，等签了契约成交以后，谁也无法反悔了，叔叔何苦要自己搬起石头砸自己的脚呢？若是不隐瞒此事，恐怕是没有人愿意买这处房宅的。

陆元方看着子侄们一个个都撇着嘴，于是也收起了脸上的笑容，严肃地说："咱们做事不能只考虑自己的利益，而不顾及他人。这处房宅，即便永远都卖不出去，我也不会故意隐瞒它的缺陷而欺骗那些来买房子的人。为人处世，最重要的就是诚信待人，为了自己的一己私利而让我违背做人原则，我是做不到的！我希望你们也能够把诚信当作自己的做人准则！"

子侄们听后，都觉得陆元方讲得很有道理。后来再去寻找买主的时候，他们再也没有隐瞒这处房宅的缺陷了。

## ◇孔明点评◇

言传身教，这个故事算得生动、典型的一例。表面上，这好像是纯买卖关系。宅子在那儿，买主自己看，看上了成交，看走眼了自认倒霉，只怪自己瞎了眼，莫怪对方有隐瞒，世上挨肚子疼的事多了去了。往深处想，买卖成与不成，都有个仁义呀。这仁义二字里，包含着诚信嘛。陆元方深谙此道，更深谙个中利害，所以不允许家人隐瞒宅子缺陷。他是要借此向子侄树立高标格，传递正能量：做人不能短视，不能只顾当下利益和自家利益，而无视他人利益，否则挨骂是迟早的，而挨骂还是轻的，由此而结怨甚或给双方留下人生的负经验才是可怕的。卖家会觉得越精明越有利可图，买家会引以为戒，觉得人心隔肚皮，相信别人会吃哑巴亏。如此恶性循环，人同此心，社会诚信被透支，甚至会荡然无存！仅此而言，诚信无小事，社会应重视。

# 吴兢无愧史官之称

吴兢，汴州浚仪（今河南开封）人，唐朝著名的史官，武则天时期进入史馆，编修国史。吴兢治史，正直严谨，力求真实，有着治史不徇情的美誉。

武则天有两个宠臣，一个叫张昌宗，一个叫张易之。二人恃宠而骄，做事有失分寸。当时的宰相魏元忠多次上书则天女皇，劝她远离这两个小人。因此，张昌宗与张易之恨极了魏元忠，他们借着女皇对自己的宠爱，反过来诬陷魏元忠，说他有谋反之心，并引诱逼迫担任凤阁舍人的张说出面做证。

迫于二张的威胁，张说答应了。可是他的内心其实并不情愿，他很清楚，这是二张对宰相魏元忠的诬陷，如果自己违心做证，无疑就成了二张陷害魏元忠的帮凶，实在对不住魏元忠，也对不住自己的良心。可是二张此刻正得圣宠，若违逆他们的意思，自己恐怕也是小命难保。为了保全自己，只好对不起魏元忠了。

同为凤阁舍人的宋璟看出了他心中的纠结。他也知道二张曾找过张说的事，于是劝张说道："对于一个君子来说，'义'是最重要的。任何事情的真相，都不会永远被掩埋。你可千万不能在小人的威逼之下做不义之事残害忠良啊！"

宋璟一席话让张说感触很深，后当武则天宣召他入宫问及此事时，他心一横，如实禀报了一切。这下，无辜的魏元忠是解围了，得以免除死刑，继续做他的宰相，可是同样无辜的张说却被流放到了岭南。

原本，张说在武则天面前大义凛然地说出实情，是很值得嘉奖的行为。可是，由于他之前曾答应过二张做伪证，只是听了宋璟的劝告后才改变了主意，因此他这个英雄形象也被打了折扣。

后来，唐睿宗当政，张说成了宰相，并且奉命主持修撰国史。当他看到《则天实录》中对于自己昔日想要

替二张做伪证、后来又改变主意道出真相的事情时，不禁感叹："这写得也太详细了，每个细节都不放过，日后让别人读了，不知道会怎么看待当年的我呢！"张说心中很不快，他想反正自己是修史工作的负责人，命令下面的人修改一下，应该也不是什么难事吧！

这天，他特意来到史馆，与当时负责修史的著作郎们聊起了修史的进度问题。而后，他便开始翻看已经修好的史书。他拿起由刘知幾与吴兢修撰的《则天实录》，有意翻到写自己当年之事的那几页仔细阅读起来。当时，负责修撰这段历史的刘知幾已经去世，只剩下吴兢还在史馆里继续任职。张说读着读着，突然皱起眉头，故意生气地说："刘五（即刘知幾）他还真是不能容人啊！"

吴兢看张说手里拿着《则天实录》，心里很清楚，张说在此说刘知幾不能容人，其实是想提醒自己要好好修改这段关于他的历史。然而，吴兢治史，从来只认事实真相，不会因为一己私利而徇私情。于是他严肃地对张说说："宰相大人，这本书您所看的那部分是我写的，您可不要错怪了已经故去的人！"话这么一说，张说心里就很清楚，吴兢并没有从命的意思。

后来，张说私下又找到吴兢，恳请吴兢修改一下那段记录。然而吴兢再一次拒绝了张说，并说："如果我听从了宰相的话，篡改了这段历史，那么这部书就不能算得上一部真实的史书了，这与史官修史的宗旨是不相符合的！希望大人您能明白！"

张说自知无法劝服吴兢，只好作罢。后来，吴兢便被外放到荆州。然而，吴兢并不后悔他的选择，因为在他看来，传承真实的历史，不隐瞒任何一个事件的真相，才是史官最重要的品格！

### ◇孔明点评◇

其实张说是小题大做了，与唐太宗相比，喋血玄武门是何等惨烈的事件，唐太宗尚且不求史家隐瞒，张说那点事算得了什么呢？虽说自己有过"私"字一闪念，但毕竟没有坐实而落井下石，自己还因此被流放，可谓问心无愧了。史官吴兢不卖当朝宰相面子，更不把责任推给已不在人世的同僚，其品行道德都无可挑剔。遗憾

的是张说终究没有"宰相肚里能撑船"的度量。不知道张说在世时是否想到过，他的挟私报复也是要被载入国史的。历史是面镜子，诚哉斯言！

# 裴度诚心还玉带

　　裴度，字中立，河东闻喜（今山西运城）人。裴度
年轻时，家里很穷。他虽然学问很好，但时运不济，多
次参加科举都落榜。无奈，他只好以教书授课为生。

　　有一次，他路过一座寺院，看到有一位禅师在给人
看相，就走过去询问自己的功名。禅师注视他的面庞良
久，说："唉，你面相中早已显示出贫贱的命运，你非
但无法考取功名，今后可能还会流落街头乞食要饭，我
劝你啊，也别老想着功名了，干好自己的事，说不定还
能勉强糊口，不至于流落街头。"

　　裴度听到这话，丧气极了，连书也不想教了，决定
外出游玩几天，散散心。

　　这天，裴度到香山寺游览。正想走入正殿，发现

里面有一位身着素衣的妇人正在佛前跪拜，口中念念有词，十分诚心地在祷告。过了一会儿，妇人站起来转过身，看了一眼殿门口正望着自己的裴度，便匆匆离去了。裴度走进殿中，也在佛前跪了下来。当他跪下的时候，突然发现地上有一个包袱。他心想一定是刚才那位妇人不小心落下的，于是也顾不上拜佛，连忙拿着包袱追出殿外，四处寻找妇人的身影。谁知那妇人走得很快，转眼就不见了踪影。

裴度希望能从包袱中找到一些有关主人的线索。他打开一看，发现这包袱里装着两条翠玉带和一条犀带，这可是非常贵重的东西。裴度心想，既然找不到那位妇人，就在这里等着吧，丢了这么重要的东西，她发现后一定会回来寻找的。于是他便坐在大殿门外的地上等着。

这一等就是大半天。寺里的僧人看到裴度一动不动地在大殿门口坐着，也很好奇，问他在等什么，裴度一五一十地道出了原委。僧人便由着他坐在那里等着。

午后，一位素衣妇人气喘吁吁地跑到大殿门口，顾不上喘口气，也没注意到坐在门口的裴度，径直走进殿内，冲着殿内的地面四处张望。望了一圈发现什么也没有，不禁失声大哭。

坐在门口的裴度正在打盹，听到哭声一下子惊醒，往殿内一看，正是早上那位素衣妇人！裴度赶忙上前安慰，只听妇人一边哭一边说："我的父亲得了很重的病，家里已经没有钱看病了，今天早上，我从亲戚家好不容易借来了两条玉带和一条犀带，准备典当，换得钱财去帮父亲请大夫看病。可是，没有想到，早上来这座寺庙祈祷的时候，我竟然把包袱弄丢了，父亲的病，我该怎么办啊！"

裴度刚才还担心只有一面之缘会不会认错，听妇人这么说，知道她确是这个包袱的主人，赶忙将包袱奉还。妇人看到失而复得的包袱，又惊又喜："多谢公子大恩大德！小女子虽无以为报，但我相信公子日后必有福报！谢谢，谢谢啊！"

看到妇人眼中真诚的感激，裴度也发自内心地高兴。他一想到那妇人在生活中遇到了那么多困难尚且能

够坚强面对，而自己作为男子汉大丈夫，有什么理由因为相面者的一番丧气话就自暴自弃呢？

于是他继续认真地教书，继续努力地读书，最终步入政坛，成为唐代著名的大臣。

### ◇孔明点评◇

这等于是个拾金不昧的故事，但意义却不局限于拾金不昧。裴度本来就郁郁不得志，加上禅师的一番丧气话，几乎使他要自暴自弃了。遇到妇人丢失玉带是个巧合，却也是个契机，更是个转机，一刹那间，他从中觉悟到了人生的意义与真谛，那就是不轻言放弃，有所进取，才可望有所收获。裴度后来的政治发迹与还玉带可以说有关系，也可以说没关系，但透过这件事，足见裴度的人品修养，再加上他的学问与进取，可谓品学皆优，最终如愿以偿，也就不难理解了。透过现象看本质，还玉带的本质说白了还是两个字：诚信！

# 崔枢助人埋宝珠

崔枢历唐德宗、顺宗、宪宗三朝时代，曾经担任过
中书舍人、东宫侍读、秘书监等官职。

早年，崔枢要去京城参加进士考试，客居汴州（今
河南开封）复习功课长达半年之久。与他同住在一所客
店里的，有一位来自南方的商人，闲暇时他们常常一同
聊天解闷，每念及家乡，就相互安慰鼓励，很快就成了
好朋友。后来，这位商人得了重病，先后请了很多名
医，都没能把病治好。崔枢在他生病的时候，帮他请大
夫，煎药送饭，就像家人一样。这位商人很感动，一
天，他对崔枢说："这些日子，承蒙崔兄你细心照料，
若是没有你，我恐怕连今天也活不到啊！你能这样把我
当家人一样看待，这对于我这个常年出门在外的人，真

是极大的安慰！我的病，那么多郎中瞧过，都说没有办法，看来是不能治好了。我知道自己时日无多，最后我只求崔兄一件事：我的家乡非常重视土葬，希望在我死后，崔兄能按照家乡的习俗，买口棺材将我入土安葬。不知道崔兄是否愿意答应我这个最后的请求呢？"

崔枢心里也清楚商人的病情，觉得此刻再说什么安慰的话，都无济于事了，于是便诚恳地点点头说："你就放心吧！我一定不会让你失望的！"

商人很感动，又对崔枢说："我这里有一颗价值连城的宝珠，为了报答你对我的恩情，我就把这颗宝珠赠给你吧！"崔枢看那宝珠又大又圆，黑夜之中还熠熠发光，知道它非比寻常，肯定是无价之宝，原本不想接受，可是他又怕商人觉得不安心，就先接过宝珠，连声称谢，并请商人不要多想，安心养病。

没过多久，商人还是被病魔夺去了生命。在商人死后，崔枢买了口棺材，按照商人所交代的家乡的习俗，安葬了商人。并且，在商人入殓的时候，崔枢把商人送给他的那颗宝珠，也放进了商人的棺材里。他心中默默地说：“我所做的一切，都是为了我们之间的情分，而我们的情分，不需要用金钱来感谢啊！希望你泉下有知，能够理解我的心意！”

一年以后，崔枢到亳州谋生。有一天，突然有几位称是从汴州来的公差，要逮捕崔枢回汴州。崔枢一时不晓得发生了什么事，询问后才知道，原来当年那位商人的妻子从南方千里迢迢地来寻找丈夫，到了汴州，才知道自己的丈夫已经故去。那么，丈夫当年带出去的那颗价值连城的宝珠，在丈夫死后去了哪里呢？妻子很清楚那颗宝珠的价值，心想绝不能让它落到外人手里。她几经询问，得知丈夫生前与一位叫崔枢的人交好，那么，那颗宝珠定然是被崔枢给拿去了！于是她在汴州把崔枢告到了官府。

公差将崔枢带回了汴州，与商人的妻子当面对质。崔枢向商人的妻子作揖说道：“嫂子，你好！当年大哥他确实是把宝珠赠予了我，但是它太贵重了，我实在不敢接受。于是在大哥故去后，我便把它放到了大哥的棺木里。如果大哥的坟墓不曾被盗墓贼光顾的话，我相信

那颗宝珠一定还在大哥的棺木里！"

商人的妻子半信半疑，但是她感觉崔枢的语气很诚恳，不像是在骗人。于是，官府派人挖墓开棺，果然那颗又大又亮的宝珠就在棺木里躺着。

这件事很快就传开了，大家都被崔枢诚信待人，在困难中帮助别人而不求回报的事迹所感动。当地的官员王彦敬佩崔枢的品行，想要留他做自己的幕僚，崔枢拒绝了。第二年，崔枢如愿考中进士，后来入朝为官，声名也一直很好。

◇**孔明点评**◇

这又是一例"心灵美"的故事。两人客居而为友，崔枢受托而拒赠，常人真不容易做到。唯因不易，所以才显得崔枢人品贵重。崔枢后来入朝为官，官声不错，是可想而知的。做官和做人是一个道理。不见钱眼开，人品便定格于高标，做人自光明磊落，更不会坑蒙拐骗。这样的人为官、为友，都必然有个底线时刻揣在怀里，那就是诚信、诚恳、诚心。诚以待人，则人乐于友爱；诚以待民，则民内心敬爱。

# 唐溪劝陈敬瑄守信

唐溪是唐朝末年西川节度使陈敬瑄的孔目官（即掌管文书的官员）。

当时，阡能因为不满意陈敬瑄的统治，在四川邛州地区发动了农民起义，响应的人很多，一个月内投奔他的兵士已达上万人。然而在陈敬瑄的镇压下，义军最终还是失败了，阡能也牺牲了。

起义被镇压下去后，为了稳定局势，缓解官兵与百姓的紧张关系，陈敬瑄便在邛州地区发布榜文，说阡能既然已经伏法，他的亲朋好友以及其他相关人员，一律不予追究罪责。

可是，榜文虽已发布，没过多久，邛州刺史依旧设法逮捕了阡能的叔父阡行全一家总共三十五口，把他们

关进监狱，然后向陈敬瑄报告，请求依法处置。

陈敬瑄接到报告不禁大吃一惊，毕竟自己刚刚发布榜文说不追究阡能的家人及其他相关人员，可是自己的下属竟然还是抓住了他们要求处罚，这可怎么办才好呢？他一时也想不出办法，便问他手下的孔目官唐溪，应该如何处理这件事才最妥善。

唐溪听后，回答说："大人您既然已经发布榜文说不会追究阡能的亲属及其他相关人员，那么就一定得按照榜文上说的执行。如果按照刺史的意思，杀了阡行全一家，看似对此次起义事件来说，是斩草除根，然而我恐怕大人您会失掉百姓的信任哪！如此，就为下次别的什么人再次起义留下了口实。我想刺史之所以非要处死阡行全一家，定然是有其他原因的，还望大人查清此事，三思而后行，切莫滥杀无辜啊！"

陈敬瑄听了唐溪的分析，觉得很有道理。于是，便派人仔细调查此事，原来刺史千方百计地要除掉阡行全一家，是因为阡行全家有一块很好的田地，刺史曾经想要买来，可是阡行全不愿意卖，于是便得罪了刺史。

刺史此番行为，纯粹是出于个人恩怨。陈敬瑄得知真相后，立即释放了阡行全，并宣告阡行全一家此番是遭奸人陷害，并无罪过。而刺史担心陈敬瑄惩处自己，竟然因为害怕而病死了。

后来，阡行全听说自己一家之所以能够死里逃生，都是因为唐溪规劝陈敬瑄的缘故，便偷偷地给唐溪送去了一百两金叶子，以感谢他的救命之恩。谁知唐溪得知阡行全的来意，看到那些金叶子后，非但没有笑脸，反而大怒说道："这件事原本就是陈大人信守诺言的缘故，跟我有什么关系呢！就算有，我只不过是做了我应该做的事，说了我应该说的话而已。你现在来这里给我送了这么多金子，其实是把灾祸送来给我！这是在感谢我吗？分明是在害我啊！"说完，唐溪便叫阡行全带着他的金子赶紧离开。

### ◇孔明点评◇

为官之道在取信于民，是没得说的，道理恐怕为官者不难懂得，但要身体力行并不容易。至于何时取信于民，如何取信于民，则更难乎其难。其难者不外乎三：

一、多半官员都是嘴上功夫，说说而已，说过的话多半都一风吹了；二、为官者多居高临下，权力膨胀，目空一切，无人监督便无所约束，自负、自闭以至于闭目塞听，妄自尊大，不把老百姓真正放在眼里；三、为官者缺少像唐溪那样的诚信君子为左膀右臂，时时、处处失察而很难自知。故此，古往今来，为虎作伥者多，狐假虎威者多，仗势欺人者多，如唐溪那样的佐官廉吏不但少，而且多半不讨上司喜欢。陈敬瑄之得唐溪，是陈敬瑄之幸，更是老百姓之幸。譬如唐末邛州阡能起义，作为西川节度使，陈敬瑄是脱不开干系的，但他能在阡能伏法后网开一面，不株连九族，也算得开明一方。唯因他有开明之智，才有识人之眼，唐溪才能留在身边，才能及时给予他积极的建议，不使他的政令失信于民。唐溪的难能可贵，还在于他不矫情，不居功，不接受分外之财。所谓德才兼备，唐溪当之无愧。

# 陈尧咨退钱取烈马

陈尧咨，字嘉谟，宋真宗咸平三年（1000）中状元，先后担任过翰林学士兼龙图阁直学士、右谏议大夫。

陈尧咨平生有一个爱好就是养马，在他的家里，饲养着各种各样的马匹。有一次，他无意间买到了一匹性情非常刚烈的马。这匹马的脾气异常暴躁，即使像陈尧咨这样懂马的人也无法驯服、无法驾驭。自从这匹马来到陈家，已经踢伤、咬伤很多人了。

一日清晨，陈尧咨的父亲像往常一样，走进马厩查看，却没有看到那匹烈马，心想莫不是挣脱绳索逃走了，于是便向马夫询问。马夫说："少爷已经把那匹马卖出去了，好像是一个商人买了那匹马。"

陈尧咨的父亲听后，心里咯噔一下，忙问："那个

商人把那匹马买去要做什么用呢？"

马夫想了想，说："好像是去运货吧。商人嘛，买马能干什么啊？"

陈尧咨的父亲又问："那么，他告诉那个商人，咱们的这匹马性情暴躁、难以驯服吗？"

马夫听后，笑了笑说："我说老爷，要是连这个都跟那商人说了，人家还会买吗？少爷又不傻，哪儿能跟人家说这个呢？"

陈尧咨的父亲听后很生气，对马夫说："太不像话了，堂堂朝廷命官，和百姓做生意，居然这么不诚实！"

陈尧咨的父亲气呼呼地找到了儿子，劈头盖脸就问："你把那匹躁脾气的马给卖了？"

陈尧咨得意极了，笑嘻嘻地说："是啊，卖给了一个商人，他很喜欢那匹马，出了很高的价钱呢！"

父亲看到儿子脸上露出得意的表情，气不打一处来，说："你身为朝廷命官，是国家的栋梁之材，和百姓做生意，竟然就是这样做的！"

　　陈尧咨实在不解，说："父亲，我也没有逼着他买那匹马，是他自己喜欢，出高价买走了，你情我愿的，我哪里不对了？"

　　父亲又问："那么，你告诉人家那是匹不好驯服的烈马吗？"

　　陈尧咨听到这话，一下没了底气，说道："虽然没告诉他，可是我把马牵来让他好好看了的，他自己没看出来，关我什么事儿！"

　　父亲听儿子这么说，越发生气："亏你也是个读书人，竟然能说出这种话！难道你没有听过唐代陆元方卖宅子的故事吗？"陈尧咨面色茫然。

　　父亲叹了口气，说："看来这还是我的过错啊！一直以来，只顾让你读经史、考科举，却忘记培养你的品行。你可知道，在唐朝武则天时代，有一位叫陆元方的宰相。有一次，他想要卖掉一所不住的宅子，子侄们帮他找好了买主，一切都谈妥了，就等着买宅子的人来签契约交钱了。可是，当这个买宅子的人来和陆元方见面时，陆元方却对对方说，这所宅子哪里都好，但有个

中华<br>诚信<br>故事

126

缺点是没有出水的渠道。买宅子的人听了这话，再三考虑，最终决定不买陆元方的宅子了。后来，陆元方的子侄们都埋怨他，他却说，做人一定不能只考虑自己的利益而不顾及他人。我们现在要卖这匹性情暴烈的马，其实和当年陆元方要卖那所没有出水渠道的房子是一个道理。我们不应该欺瞒买主，要如实相告以后再让买主决定是否购买，这样做才是正确的啊！你再想一下你当初买这匹马时的情形，如果卖给你这匹马的人告诉你这匹马有多难驯服，你还会买它吗？买回这匹马，你发现它怎样都无法驯服的时候，不是也抱怨过卖你这匹马的人没有告诉你实情吗？那么，你现在也要变成那个曾经让你抱怨过的人吗？"

陈尧咨听完父亲的话，觉得非常惭愧。过后，他亲自找到了买马的商人，说明了原因，把钱退回给商人，而自己把马又牵了回来，也没有打算再卖掉那匹马。

### ◇孔明点评◇

无独有偶，历史更是如此。如果说"陆元方卖房自曝房缺陷"对后世有积极影响，那么"陈尧咨退钱取烈马"就是再生动莫过的例子，把这两个故事说成姊妹篇也是再恰当莫过的了。同样是言传身教，但两相比较，还是有细微的差别，主要表现在两个方面。一个是处理方式、结果不同。前者陆元方自曝房宅缺陷而使交易泡汤，然后现身说法，晓以大义，使子侄们心悦诚服，深受教益；后者陈尧咨则是直接受教于父亲，意识到自己做错了之后，主动上门退还马钱，牵回烈马。再一个是两个故事，一脉相承，却各有侧重。陆元方自曝房宅缺陷，借题发挥，防微杜渐，防患于未然；陈尧咨退钱取烈马，知过改过，不再转卖，以杜绝后患。诚实是种子，有人身体力行，就会生根、开花、结果。

# 刘庭式守约娶盲女

　　刘庭式，字得之，宋代齐州（今山东济南）人。进士及第后，曾担任密州通判。

　　刘庭式在考中进士前，家里人曾给他订过一门亲事。对方是与刘庭式同村的一名女子，家庭状况也和刘庭式家差不多，十分贫寒。因为刘庭式不久后要去参加科举考试，为了让他安心读书，这件事两家也只是先口头商量好，没有正式订立婚约，刘家也并没有给对方送去聘礼。

　　后来，刘庭式参加科考，考中进士，并被任命了官职，刘氏举家欢喜。原本返乡后就应该和曾经商议好婚事的那家女子完婚的，谁知就在刘庭式去参加科举考试的时候，这位女子突然得了一场大病，后来病虽然治好了，眼睛却失明了。女子家自知现在的刘庭式已经不再是以前那个穷小子，也自知女儿现在这个状况，根本配不上刘庭式，也就再没有和刘家提过结亲的事。

刘庭式的父母也觉得如果让儿子娶了那个眼瞎的女子，总是不够体面，毕竟自己的儿子现在已经是朝廷命官了。于是便跟刘庭式商量，不如和那女子家说清楚不愿结亲的意思，然后再另找一个媳妇。

刘庭式在得知父母的意思后，立即表示反对："当初父亲母亲跟我说要与对方结亲，我就早已把那位女子当作自己的妻子了，既然她在我的心里早已是我的妻子，那么，无论她变成什么样子，都是我的妻子。她现在眼睛看不见了，更需要别人的照顾，我怎么能因此而背弃她呢？请父亲母亲做主，还是尽快让我娶她过门吧！"父母听了儿子的话，非常感动，可是又担心儿子将来的生活没有人好好照料，于是又劝道："你可要想清楚了啊，她现在什么都看不见，以后过了门也不能好好照顾你，可能你还得照顾她多一些，你真的愿意这样而不会后悔吗？"刘庭式坚定地说："娶妻子原本就是

为了让妻子过好日子，我愿意好好照顾她！再说了，如果我不娶她，又有谁甘心娶一位眼瞎的姑娘呢？如果那样，我不是把她的一生都耽搁了吗？父亲母亲就不要再劝我了！我不会后悔的！"

最终，刘庭式将这位盲女娶回了家。这位女子很感念刘庭式的情意，而刘庭式对这女子也是照顾有加，两人的感情一直很好。

后来，刘庭式的这位妻子早早便去世了。刘庭式十分悲痛，很多年过去了，他也没有再续娶。

当时苏轼任密州太守，得知此事后，很不解刘庭式对那位女子为何如此深情，便问刘庭式："妻子死了，会悲哀肯定是因为爱情，而爱情总是来自美色。我听说过您的故事，我想知道您的爱情来自哪里？您现在长久的悲伤又是为了什么？"刘庭式望望天空，淡淡地说道："我之所以悲伤，是因为我失去了心爱的妻子。如果爱情一定是从美色中产生，而悲哀一定是因为爱情。那么，当美色衰败，爱情也必然会消逝。爱情消逝，我的悲哀也就应该不复存在吧？可如果是那样，是否那些在妓院里打扮得花枝招展的女子，都会让我们产生爱情而愿意娶她们为妻呢？"苏轼听了这话，很是感动。

### ◇孔明点评◇

毫无疑问，即使在今天，刘庭式也应该受到后世人的尊敬。诚然，"父母之命，媒妁之言"，属于包办婚姻，时代早已抛弃；诚然，刘庭式与盲女的婚约连"父母之命，媒妁之言"也算不上，而且既无婚约，也无聘礼，并不受法律保护，但是刘庭式的守约直指世道人心与天地良心，即使在今天也熠熠生辉！其实三媒六证都是人类的"无奈之举"，因为人心易变，喜新厌旧是人的自然属性，不借助乡规民约与法律予以约束，社会问题，想到的，想不到的，都会层出不穷。刘庭式在中进士前已是成年人，对口头上约定的婚姻是接受了的，虽然反悔是他的权利，也未必就受到社会舆论和自己良心的谴责，但他是正人君子，是诚信之士，有赤子之心，反悔在他看来，是为人不齿的行径！他说得好，从口头约定婚姻那日起，他的心中已有了妻子，就是那个后来双眼失明的女子。他当官了，妻子失明了，他怎能抛弃呢？苏轼之问，既是人之常情使然，也是他对刘庭式忤逆人之常情的不解与试探，但刘庭式之答，真是感天动

地！诚信是心灵的，只有心灵的坚守，才是真正的坚守，才会持之以恒！

# 晏殊诚实应制

晏殊，字同叔，抚州临川（今江西南昌）人，北宋著名的文学家、政治家。

晏殊从小聪明好学，周围的人常常叫他神童。在晏殊十三岁的时候，江南按抚张知白便向朝廷推荐了这位神童。次年，晏殊十四岁，便和来自各地的数千名考生一起参加考试。他很快答完了考卷，从考场出来也是胸有成竹的样子。

几天后，考试成绩好的前十几位考生被宣召入朝，参加由宋真宗亲自主持的殿试。不出意料，晏殊也在其中。金銮殿上，那些比晏殊年长的考生尚且心中忐忑不安，而晏殊却神情自若，毫无胆怯之态。

轮到晏殊了，宋真宗得知眼前这位少年就是晏殊

时，不禁大吃一惊："朕很欣赏你在考卷上所作的那首词，没想到你这么年轻，竟然在那么短的时间里写出这样的好词！真是前途无量啊！"谁知此时晏殊却突然跪了下来，用洪亮的声音对皇上说："小人有罪！"宋真宗不解，说你词写得好，有什么罪？于是晏殊解释说："启禀陛下，上次考试所出的题目，其实是小人曾经做过的，并非即兴，因此一下子就能写出来。小人自知这样对于其他考生是不公平的，恳请陛下换一道题目，再考一考小人！"

晏殊说完，大家都惊呆了！连皇上一时也没反应过来。不过，宋真宗马上笑了起来："好好好，看你小小年纪，不但词写得好，竟然还这样诚实！那么，就依你，朕今天亲自出个题目考考你！"

于是，宋真宗和一帮大臣一起又想了个题目，让晏殊当场作词。晏殊挥笔立就，同样是一首绝妙好词。宋真宗很是赏识，不仅仅因为晏殊的才学，更因为他的诚实。

后来，晏殊在文馆就职。当时天下太平，官员们总喜欢聚会宴饮。可是晏殊因为不是很富裕，所以很少与人宴饮，只是常常在家中和堂弟谈诗论学。

突然有一天，宫里派人传来消息，说皇上任命晏殊为太子的老师。晏殊一时还摸不到头脑，不知道自己何德何能，竟然被皇上委此重任。后来晏殊面见皇上，谢恩的时候顺便问了问皇上选择自己的原因。皇上说："我听说臣子们都喜欢宴饮娱乐，还经常通宵达旦。可是唯独你从不参加，空闲的时候也只是和兄弟在家里读书作诗。你这样好学而不爱娱乐，正是太子的好榜样，因此选你做他的老师！"

晏殊听后非常不好意思地回答说："启禀陛下，其实您误会了！我倒不是不喜欢宴饮娱乐，而是因为我太穷了，没有办法日日宴饮！假如我有钱的话，我也可能会去和大家一起宴饮娱乐的！"

皇上听后，非但没有生气，反而更赏识晏殊的质朴诚实了。后来宋仁宗继位后，晏殊官至宰相。

◇**孔明点评**◇

有宋一代，晏殊以品学皆优、德才兼备享誉当世，

而颇受后人推崇。他最大的优点就是诚实，恃才而不傲物，位高而能知人。他十四岁参加殿试，以诚实应制而传为一时佳话。晏殊一生仕途顺畅，官至宰相而受两朝皇帝礼遇，凭的首先是诚实，其次才是才学。晏殊的诚实是有口皆碑的。即使在今天，人们提起他，第一想到的就是他的诚实，第二才是他的诗词。殿试时应制作词，制题与自己所做过的词不谋而合，只能说他运气好，受到皇帝赏识完全可以心安理得，有什么必要道出天知地知、唯有自知的真相呢？但晏殊却心直口快，口无遮拦，把真相和盘托出，这样的诚实真是今古罕有！当然，晏殊的诚实不仅仅是诚实，还透着一种先天的自信与自知。古往今来，神童不可谓少，如晏殊那样功成名就者却寥若晨星，为什么呢？我想，一些被埋没的神童可能有这样那样的原因，缺乏晏殊式的诚实恐怕也是原因之一吧。

# 范仲淹舍命保秘方

范仲淹，字希文，苏州吴县（今江苏苏州）人。北宋著名的思想家、政治家、军事家、文学家。

范仲淹年少时，有一位老师，人称李先生。这位李先生不但通晓经史，精通阴阳五行之术，并且还研究炼金术。也许因为平日里钻研炼金术太过劳累，李先生得了重病，总是吐血，请了很多大夫也没有办法。李先生自知命不久矣，便把范仲淹叫来，交给他一个封了火漆、盖了印章的包裹，然后严肃地对范仲淹说："希文，你是我最信任的学生，现在我就要死了，有一件事想要拜托你！刚才给你的那个包裹，里面有我们家祖传的炼金秘方，希望你替我好好保管，日后见到我的儿子，就把这个包裹交给他！"范仲淹得知老师竟然把这

么重要的事托付给自己，心想一定不能辜负老师的信任，便郑重地答应了他。

没过多久，李先生去世了。范仲淹按照礼制为老师料理好后事，便到了进京赶考的时日。范仲淹起程那日，有一个穿着黑衣戴着帽子的跛脚人一直跟在他后面。等到了郊外没人的地方，那个人突然从身后一跃到范仲淹的面前，拿着一把尖刀，威胁范仲淹说："要想保住小命的话，就识相点儿把炼金的秘方交出来！"

范仲淹着实没有想到竟然有人一直跟着自己，而且是为了李先生交给自己的炼金秘方。他一边摇头一边对那人说："先生恐怕是误会了吧，我一个读书人，哪里有什么炼金秘方？"谁知那人不依不饶："你不要骗我了！谁不知道你是李先生最信任的学生，那天我可是亲耳听到他把秘方交给你的！"范仲淹突然觉得这个声音有些耳熟，于是低头从他的帽檐下望去，原来这个劫持自己的人，竟然是自己的同窗！

范仲淹也不再和他周旋，拖着行李拔腿就跑。就这样一跑竟然跑到了悬崖边。眼看那位同窗就要追上自己，了，该怎么办呢？范仲淹来不及仔细思考，只觉得既然答应了老师，就绝对不能让老师家祖传的炼金秘方落入他人的手中，于是心一横，毅然决然地跳下了悬崖。那位跛脚的同窗看到范仲淹竟然为此而跳崖，也就只好作罢了。

好在范仲淹好人有好报，命不该绝，悬崖边的一棵大树挂住了他，使他逃过一死。那个时候，他的行李都已经掉落悬崖了，可是他手里却紧紧握着老师给他的那个包裹。

范仲淹几经辗转，终于来到了京城，并如期参加了科考。

等待放榜的日子里，有一天，范仲淹看到一个太监当街欺侮老百姓，气焰很是嚣张。他不知道这位太监当时正得圣宠，想也没想就站出来说了公道话。结果可想而知，那个太监没有放过范仲淹，命人毒打他，差点儿就要了他的命。好在这个时候，一位姓王的大人路过，他实在不忍心看到一个读书人被这样毒打，于是便说了几句好话，让太监把范仲淹放了。

为了给范仲淹疗伤，王大人带他回了家。两人经过几番交流，颇有相见恨晚之感，很快便成为忘年之交。一个偶然的机会，范仲淹发现原来眼前这位王大人和自己的老师李先生竟是同乡。仔细一询问，原来他们两人不但认识，还是很好的朋友呢！范仲淹得知两人的这层关系后，便把李先生如何去世又如何托付自己保管炼金秘方，包括他在路上遇到有人要抢夺秘方的事，一五一十地告诉了王大人。

过了好一段时日，有一个自称是李先生儿子的少年前来拜访投靠王大人。王大人赶忙叫了范仲淹来一同相见。范仲淹得知此事后非常高兴，心想这下终于可以完成恩师交代给自己的任务了。见到李先生的儿子后，范仲淹拉着他不住地回忆往事，谈及李先生种种，欷歔不已。不过，李先生的儿子似乎对他父亲昔日的事并不怎么感兴趣，并且终于忍不住打断范仲淹问道："不知道家父可曾留下什么东西？哦，我是说，让我能够收藏以尽追思之意呢？"范仲淹听闻此言，迟疑了一下，还是回到房间取出了一个包裹，交给了那位少年。

当夜，那位少年悄悄来到王大人的书房，然后拿出包裹交给了王大人。王大人脸上的表情十分得意："果然还是耐得住性子才能有所收获啊！今天能得到这个秘方，就不枉我这段日子如此优待范仲淹那臭小子了！想要获得他的信任也没那么难嘛！"

谁知此时门外的范仲淹早已听到了一切。王大人竟然连自己好友的东西都要抢夺，就因为那是一纸可以炼金的秘方？范仲淹着实不解。他愤怒地推开房门，质问王大人为何要抢夺自己好友的东西。这时王大人露出狡黠的笑，说："你也太单纯了，我想你的李先生可能根本不认识我！什么同乡好友，都是我用来糊弄你这个糊涂虫的！哈哈哈！"

范仲淹这才恍然大悟，原来一切都是假的。"哦，是吗？那么抱歉了，既然儿子是假的，自然也得不到真的秘方！"

听到范仲淹这么说，王大人慌忙打开包裹，这才发现里面竟然是一张白纸。原来那位少年早已让范仲淹起了疑心，所以才给了他假的包裹。

三年以后，范仲淹终于找到了李先生的儿子，仔细核对身份后，才郑重地把包裹交给了他。而在那个包裹上，当年的火漆也好，印记也好，都完好无损。

### ◇孔明点评◇

俗话说："受人之托，忠人之事。"范仲淹不但做到了，而且差点搭上了自己的性命。于此，我忽然若有所悟。但凡诚信之士，必是名副其实的正人君子，在"受人之托，忠人之事"上总是一根筋，顽固不化，执拗得不可理喻，却也不可轻慢、轻视。范仲淹后来投奔晏殊门下，必是惺惺相惜，抑或诚实就是敲门砖！此二位诚信君子居相位时，主持庆历新政，一门心思为朝廷，又何尝不是"受人之托，忠人之事"呢？可见人品高贵，一以贯之，做人和做官是一样的！

# 司马光说谎受责

司马光，字君实，号迂叟，陕州夏县（今山西运城）涑水乡人，世称涑水先生。他是北宋著名的政治家、史学家、文学家。

司马光在宋代是一位非常诚实忠厚的人，他曾这样评价过自己，说："吾无过人者，但平生所为，未尝有不可对人言者耳。"大意是我并没有什么过人的才能，只是我平生所做的事情，没有什么是不能告诉别人的。就是这样一位诚实忠厚的人，在少年时代也因为说谎受过责罚。

那时司马光才五六岁。到了核桃成熟的季节，他看到家里有一袋核桃，便拿出一个在手中把玩。司马光的姐姐看弟弟在玩核桃，心想弟弟大概是想吃核桃吧，于

司马光很高兴，接过姐姐递过来的核桃仁，放到嘴里嚼着。可是刚嚼了一口，他便把核桃仁吐了出来。他哭丧着脸对姐姐说："这个核桃太涩了！"姐姐知道弟弟说核桃涩，是因为核桃仁上的那层薄皮，可是核桃外面的硬壳可以用小榔头砸开，这层薄皮要怎么剥掉呢？

姐姐试着剥了剥剩下的桃仁，发现那层薄皮还真是很难剥掉。正在姐姐为难的时候，他们家的一个婢女走了过来，她笑着对姐姐说："小姐，这层薄皮啊，要把它先在热水里泡一下，然后就好剥下来了！"

说着，那个婢女便去厨房端了一碗热水。姐姐把砸好的核桃仁放进热水里，片刻再取出，果然那层薄皮乖乖地便被剥了下来！姐弟俩高兴极了！

后来姐姐有事先走开了，剩下司马光一个人一边如法炮制地剥核桃，一边津津有味地吃着。恰巧父亲回来了，看到司马光正在用这么巧妙的办法剥核桃，笑眯眯地问他："是谁教你这样好的办法啊？"

司马光很想在父亲面前卖弄一下，他看姐姐此时并不在附近，便脱口而出："是我自己想的！"父亲没想到儿子这么小就如此聪明，能想出这样的办法剥核桃，于是摸着司马光的头夸了好一会儿。

这个时候，恰巧姐姐走了过来，听到父亲夸司马光，也没多想，就说了句："父亲别听他胡说，这是刚才一个婢女教我们的！"

听了这话，父亲一下火冒三丈。他严厉地指责了只有五六岁的司马光，批评他不该说谎话，说："明明是别人教的，却说是自己想的。你这样不诚实和偷盗有什么区别！"

司马光惊呆了，他没有想到自己只是说了一个小小的谎，父亲却这样大发雷霆。这件事给司马光留下了深刻的印象，从此以后，他再也没有说过谎。

### ◇孔明点评◇

司马光，字君实。纵观司马光一生，真当得"君实"二字。古代启蒙读本《三字经》云："子不教，父之过。"司马光能成为忠厚诚实之人，应该和他父亲几近苛刻的家教密不可分。他说谎时不过五六岁，正是学

做人的年龄，却也是正淘气调皮的年龄，偶尔说谎自夸也算正常吧，至少有情可原，但他的父亲却不这样看，他是要从小教子，任何机会也不放过。他做得很好，他的家教效果良好，有他的儿子司马光为证。父爱有千万种，结果只有一种，那就是教孩子诚实，因为诚实是做人的基石。

# 王拱辰殿试辞状元

　　王拱辰，字君贶，原名拱寿，北宋开封府咸平（今
河南开封）人。

　　王拱辰家里很穷，很小的时候便没了父亲，家里只
有母亲和四个孩子相依为命，生活非常困苦。因为王拱
辰是长子，在父亲死后，他必须努力承担起养家糊口的
重任，尽管那时他还只是一个孩子。

　　王拱辰为人诚信，干活卖力，对母亲非常孝敬，对
弟妹们也照顾有加，因此常常受到村里人的称赞。尽管
生活这样艰难，王拱辰也没有放弃读书。白天要干活没
有时间，他就趁着夜里休息的时间学习。他每天起床很
早，出门干活前，还要抓紧读一会儿书。

　　由于曾经的刻苦攻读，王拱辰博通经史，而且文章

写得很好。二十岁的时候，他去参加了乡试与会试，成绩都非常好。宋仁宗天圣八年（1030），王拱辰到京城参加了殿试。

仁宗看过王拱辰的文章后，觉得他的文章不但文笔流畅，而且观点独到，实在是状元的不二人选，于是便钦点王拱辰为本科的状元。

两天过后，宋仁宗将本次科考中他钦点的前三名召集到殿前，亲自宣布他们的名单。另外两人听闻自己竟然有幸被皇帝点为榜眼与探花，喜不自胜地跪拜谢恩。可是王拱辰虽然也跪了下来，却没有和那两位一样磕头谢恩。他的神情很是凝重，等那两个人谢恩完毕，才磕头说道："启禀陛下，小人实不配被点为状元！请皇上您把状元点给别人吧！"

大殿上的人闻言都不禁议论纷纷，他们很不解，王拱辰这唱的是哪出啊！状元可不是谁轻易就能得到的，哪有人会把到手的状元头衔推给别人呢？这个王拱辰，不是傻了就是疯了吧？

宋仁宗同样不解，忙问王拱辰这是为何。

　　王拱辰又磕了一个头，缓缓地说："启禀陛下，其实我并非不想要这个状元的头衔，您也知道，我们读书人，十年寒窗，做梦都想着如果中了状元该是多大的荣耀。可是，这次科考，当我拿到卷子的那一刻，我就犯难了！因为这次考试要求写的文章题目，我前阵子刚刚写过。虽然这次在考场上所写，和之前所作也并非完全一致，可这对于其他考生来说，毕竟还是不公平呀！在考场上我就想着不如索性不写，可是又想既然来考试，又不完成试卷，也着实不好。然而小人万万没有想到自己竟然会被点成状元！这个状元其实不过是小人的侥幸罢了！还望陛下能够理解！"

　　宋仁宗听完王拱辰这一番肺腑之言，很是感动，尤其欣赏王拱辰没有为了一己私利而隐瞒事实的诚实品质，他相信，像这样一位能够把说实话当作自己人生准则的人，一定会是一个好官员，一定能为国家和百姓鞠躬尽瘁的！于是仁宗笑笑说："朕相信你的才华，配得上状元的头衔。你以前之所以做过此次考试所出的文章题目，那证明你平日里很勤奋。再者说了，不论这文章

是何时所做，朕所赏识的是文章中你的观点。再加上你没有为了自己的利益隐瞒真相，诚信正直，所以，你这个状元，朕认为是当之无愧的！你就不要再推辞了。"

王拱辰听仁宗这么说，再一次磕头，不过这一次他没有再推辞。

诚信状元王拱辰，后来做了五十五年官，无论是朝中的官员，还是民间的百姓，对他都很满意。

### ◇孔明点评◇

有宋一代，诚实君子辈出，佳话无独有偶。宋真宗时，晏殊对皇上说，殿试应制题在考前自己碰巧做过；宋仁宗时，王拱辰状元钦定而请辞，理由也是殿试文章自己在考前碰巧做过。是否前者影响了后者呢？我不敢揣测，却敢断言：诚实都如出一辙！如此诚信的故事一而再，我就不能不联想，不能不感慨！如今高考，老师都喜欢押题，题押对了，皆大欢喜，不但学生为自己的幸运沾沾自喜，而且老师也为自己的"神算"洋洋得意。古今一比，我觉得说什么都多余了。

# 欧阳修不独占署名

欧阳修，字永叔，号醉翁、六一居士，是北宋著名的政治家与文学家。

宋仁宗时，欧阳修与宋祁一同负责编写《新唐书》。初稿写好后，二人一同将稿子送呈宋仁宗审阅。宋仁宗看后，觉得欧阳修写的那部分文辞质朴，很符合史书的风貌，确实不错。而宋祁写的那部分，辞藻华丽，用语夸张，实在没有史书的样子，因此仁宗很不悦。他当即下令欧阳修全权负责《新唐书》的编撰工作，并要求欧阳修对宋祁所写的部分进行修改。

宋祁对此感到失落极了，他想来想去，怎么就让欧阳修出尽了风头，还把自己给踩在脚底下了呢？若是欧阳修再趁着修改书稿陷害自己，又该如何是好呢？左思

右想，感觉也无能为力，只好闷闷不乐地回了家。

仆人看宋祁为此那样心烦，便劝他不如去向欧阳修求求情，毕竟同朝为官，欧阳修或许也会顾及两人的情分。宋祁原本不想去，无论是在朝中还是在文坛，两人的名声不相上下，只是因为文风不同，难道就要甘拜下风吗？可是转念一想，难道眼前还有更好的办法吗？

在纠结了很久之后，宋祁终于下定决心亲自登门拜访欧阳修。没想到当他说明来意后，欧阳修居然摆着一张臭脸说："宋大人，我不过是奉旨修改书稿而已，我不明白你在担心什么？如果是书稿的事，这是公事，与您私下谈论，好像不太合适啊！"宋祁听后，以为欧阳修故意装糊涂，便恨恨地走了。

可他回到家后又开始忐忑不安，欧阳修这样一个态度，到时候定然是要在仁宗面前说我坏话的吧！没办法，宋祁只好劝自己，还是随时准备着厄运的降临吧！

几天后，欧阳修面见宋仁宗，并把修改好的《新唐书》再次呈献给仁宗。欧阳修在仁宗面前，非但没有说宋祁的坏话，反而替他求情说："启禀陛下，臣奉命修改史书，然而臣读过宋学士的稿子后，发现尽管他的用语相较于臣，多少有些华美，但是他所写的内容并无不妥，完全符合史实，因此臣也没有多作修改。"仁宗上次一时在气头上，判断也难免有些过激，这次再看宋祁的稿子，感觉其实也没有什么大的不妥，便点了点头。

欧阳修紧接着说："臣还有一事启奏。历朝修史，都只署其中官职最高一位的名字。这部《新唐书》，虽由我和宋学士共同完成，可是因为我的官职比他高，所以按照惯例就只能署我的名字。然而，其实这部书大部分都是宋学士写的，而当我看完宋学士所写的稿子，觉得他为这本书付出了很多心血。因此，请陛下恩准，让宋学士能与臣共同在这部书上署名！"

欧阳修语毕，满朝文武包括仁宗都为他的大度而感动。因此，仁宗也就同意了他的提议。于是《新唐书》作者的署名就成了欧阳修与宋祁两个人。

宋祁知道了这件事后，亲自登门向欧阳修道谢，同时也向欧阳修道歉。从此，两人便消除了隔阂。

◇**孔明点评**◇

自古道："文人相轻。"欧阳修与宋祁同朝为官，既是同僚，也是文人，如果"相轻"，不会有人大惊小怪。何况两人同修《新唐书》，彼此"相轻"更是顺理成章。但发生在宋仁宗朝的《新唐书》署名佳话，令人眼热之余，不能不为欧阳永叔的大度而惊叹击掌！历史上的一些故事看上去很美，欧阳修与宋祁的故事本身就很美。宋祁虽然有点鸡肚子心肠，但遇着欧阳修这样的同僚，真是他"三生有幸"。若其不然，如果欧阳修和他一样鸡肚子心肠呢？那欧阳修就不是欧阳修了，宋祁还会是宋祁吗？在此，我还想为宋祁多说两句。当着满朝文武的面，宋仁宗扬欧阳而抑宋，放谁身上都不会无动于衷的。宋祁虽然也曾硬着头皮向欧阳修登门求情，但总还是有个底线的，心里不安、不爽，也就不安、不爽而已，一旦真相大白，却也登门道谢、道歉。噫！宋祁亦君子也！

# 查道树上挂钱摘枣

　　查道，字湛然，是宋代大臣。有一次，查道和自己的随从一起带着礼物去看望一位远方的亲戚。他们赶了一上午的路，早已经又饿又渴，可是看看四周，荒郊野外，根本没有可以落脚休息吃饭的地方。这个时候随从建议，不如把礼物中的食物拿出来吃一些！可是查道却不同意，说："既然是要送给别人的礼物，那么就是别人的东西了，我们怎么能随便吃呢？"随从没有办法，他很清楚自己主人的倔强，便没有再说什么。两个人只好饿着肚子继续赶路。

　　又走了一阵，发现路边有一个枣园。正值枣熟的季节，每棵枣树上都挂满了大枣，不时飘来诱人的枣香。查道和随从看着树上的枣子，早已咽起了口水。

查道停下来，想了片刻，便叫随从上树去摘枣。随从原本以为主人又要说这是人家的东西，不能随便吃，所以也没敢提议要吃枣，可他没有想到主人居然主动要求自己上树摘枣吃，喜出望外，一下子便摘了很多。

两个人吃了枣，临走的时候，查道拿出一串钱，挂在了刚才随从摘枣的那棵树的树枝上。随从不解，奇怪地问："大人您这是要干什么？"查道说："咱们吃了人家的枣，自然应该给人家钱啊！"随从当即便笑了："嗨，这会儿主人又不在，也没人看到咱们摘了枣，何必那么认真呢？再说了，他那树上那么多枣，就算少了咱吃的这几颗，我保准他也不会发现的！"谁知查道严肃地说："枣树的主人是没有看到我们摘枣，甚至也不会知道我们摘了枣，可是我们确实吃了人家的枣，如果不付钱的话，那我们随便摘了人家的枣就是偷盗，我们怎么能在光天化日之下行偷盗之事呢？"

随从听了主人的话，也不禁被主人诚实的品质所感动。

## ◇孔明点评◇

诚实之人多是痴人。查道之痴表现为二：与仆人宁愿挨饿，也不肯动一下送给亲戚的食品礼物；摘了路边枣儿充饥，也不白吃，把买枣钱挂在树上。痴人近似"迂"，但未必愚。常怀赤子心，待人一根筋。与痴人为友，不怕被算计，就怕自己不是君子。即如查道，他是真得"道"了，这个"道"，包含的是仁义礼智信。抱有此"道"，只信天理，做人行事虽然较真，但这个真让人感到不但可爱，而且可敬。他的随从跟了他，那真是跟对了。如果人世间多些"查道"们，良知必会大行其道，是非黑白便不会颠倒，真个"太平世界，环球同此凉热"！

# 许衡不吃无主梨

许衡，字仲平，号鲁斋，怀州河内（今河南焦作）人，是元代著名的学者。

一年盛夏，许衡和朋友们一起外出，途经河阳（今河南孟州），因为此处刚刚经历过战乱，所以一路上人烟稀少，田地也大都荒芜了。大家顶着烈日走了好远的路，一个个汗流浃背，口渴极了。可是四下既无河流也无水井，许衡一行人也只好忍着渴，继续前行。

突然，一阵果香扑鼻而来，大家抬头一看，前面不远处竟然有一株梨树，树上结满了已经成熟的大梨。

大家都兴奋极了，欢呼着跑到那株梨树下，争先恐后地爬上去摘梨，然后也顾不得脏不脏，便大口大口啃着。梨很大，汁水很多，大家因为早已口渴难耐，所以觉得此刻口中的梨子十分甘甜。

然而，当大家痛快吃梨的时候，许衡却只是坐在路边给自己扇风。

一个朋友看到许衡呆坐在那里，便拿着一个大梨走过来，递给许衡说："你呆坐在这里干什么！给你，快吃吧，看你也渴得不行了吧！"许衡没有接过那个大梨，而是笑笑对朋友说："这也不知道是谁家的梨树，梨长得这样大这样好，一定是经过了非常辛苦的培植。现在主人不在，我们不能随便吃人家的梨子啊！"

朋友听了许衡的话，不屑地说："现在兵荒马乱的，梨树的主人估计早逃命去了！现在这棵梨树一准已经没有主人了，你就不要介怀，赶快吃吧，一会儿我们还要赶路呢，这么大太阳，你想渴死自己啊？"

许衡的表情严肃起来，说："就算梨树的主人已经逃走，那也不意味着这株梨树没有主人。就算这株梨树的主人再也不回来了，不要这株梨树了，难道我的心也没有了主人吗？除非得到主人的允许，否则我是不会吃这梨子的！"

### ◇孔明点评◇

或许时人（包括后人）以为许衡固然诚信得令人尊敬，却也偏执得令人皱眉，理由正如与他同路的人所云，可以解渴的这棵梨树或许已经没有主人了。在兵荒马乱的年代，做这样的假设判断虽然牵强，却也说得过去。但一个逻辑显而易见，不能回避：这是一个事实判断，不是一个是非判断。梨树有无主人是一回事，树上的梨该不该吃是另一回事。许衡与他的同路人所执者是不同的判断，故而做出了不同的选择。做"事实"判断的是常人，遵从的是人之常情，也不违常理；做是非判断的是君子，遵从的是天地良心，但求问心无愧。前者可以理解，后者理当尊敬。

# 宋濂风雪中访师

宋濂，字景濂，号潜溪，是明初著名的政治家、文学家、史学家和思想家。

宋濂从小就很好学，尽管家里穷，没有办法买书，但他常向有藏书的人家借书看。因为宋濂每次借书都能按时归还，并且对书籍非常爱惜，所以有书的人家也愿意把书借给他看。

有一次，宋濂借到一本书，读过之后，很是喜欢，于是他便想把这本书抄下来。可是，他曾与书的主人约好借书十天。看完这本书，十天自然是绰绰有余，可要把它全部抄录下来，十天显然不够。宋濂太喜欢这本书了，便夜以继日地抄书。

那时正是寒冷的冬天，宋濂家穷，也没有什么可

以取暖的设备，他就一边哆嗦一边努力抄着书。抄着抄着，手就冻僵了。于是他只好放下笔，把双手放在嘴边哈气取暖，等手稍稍暖和一些，再继续抄。

半夜里母亲突然醒来，看到宋濂还没有睡觉，知道他还在抄书，便说："孩子，天气这么冷，大半夜的，还是等天亮再抄吧！"宋濂说："这可不行啊，我跟主人约好十天后还书的，现在已经过去八天，我还有大半本书没有抄完呢！"母亲劝他说："哎呀，晚几天还也不要紧的！人家家里那么多书，也不等着看这本书呀！"宋濂说："母亲就不要再劝我了！不管对方是否等着看这本书，我既然答应了对方十天后便还书，就一定要如期归还。"

又有一次，宋濂要去拜访一位老师，向他请教学问。他写信与老师约好了日期，并且一直期盼着出发的日子。可是没有想到，到了计划出行的那一天，突然天降大雪，狂风大作。宋濂整理好行装准备出发的时候，他的母亲拦住了他，说："这么大的雪，你要去哪里啊？"宋濂说："母亲忘了，我与老师约定好要见面的，今天不出发就来不及了！"母亲连忙劝他说："雪下得这样大，老师又住在山谷之中，等你到那里的时候，大概雪深得都会让人迈不开脚步了！再说，你看看你，就那么一件破棉袄，怎么抵御这狂风大雪啊！还是听娘的话，等两天雪停了，天气好了再去吧！"

宋濂说："娘，如果今天还不出发的话，恐怕就不能赶在与老师约好的日子到达了！如果那样的话，我不就成了不守信用的人了吗？再说，正因为风雪大，我就更不能再耽搁了！母亲，孩儿告辞了！"母亲也知道儿子向来就是这般倔强的，便没有继续阻拦，只能默默为儿子祈祷。

宋濂终于按期到了老师家里。老师也没有想到宋濂为了守约，竟然会冒着这么大的风雪赶来，于是他感动地对宋濂说："你这般守信又这般好学，将来一定会有出息的！"

宋濂入仕后，受到当朝礼遇，被明太祖尊称为"开国文臣之首"。

### ◇孔明点评◇

所有诚信故事好像如出一辙，实际上仔细推敲，各有千秋。宋濂能被明太祖朱元璋誉为"开国文臣之首"，人品应该是不可或缺的，那就是自小养成的诚信之德。确实，德是需要养的。俗话说由小见大。宋濂借书之事在常人眼里是"碎碎"（小）一件事情，还与不还都似乎两可，何况是延期呢？常人借书不还，所以是常人；宋濂借书必要按期归还，所以是宋濂。于此，人的高下已昭然若揭！宋濂能冒着风雪按时访问深山中的老师，与借书之事一脉相承，其奉行不悖的都是诚信二字。其实，越是小事，越容易被人忽略，殊不知恰恰是小事，养育着一个人的大德！宋濂不愧为后人的楷模。

# 曾彦 "休妻" 因偷桃

曾彦，字士美，号南洲，明成化十四年（1478）状元及第。

曾彦年轻尚未入仕时，除了用心攻读经史之外，还特别喜欢研究法律。当时，为了专心读书，曾彦在荒郊野外搭了一座茅屋，终日便在这里读书。他的妻子对此也不埋怨，细心照料曾彦的起居，为他送来一日三餐。

其实，曾彦在这里除了读书学习之外，还在用心地写一本书，是一本关于当时大明律法的书。眼看科考之期将近，自己的书稿也即将成形，曾彦心里很是高兴。

这天，曾彦的妻子又给曾彦送饭来了。曾彦掀开盖在篮子上的布，看到除了饭菜之外，竟然还有三个又大又红的桃子。曾彦不解："咱们家这么穷，你哪里有钱买这

么好的桃子？"

不料妻子却笑着说："这不是买的！刚才在来给你送饭的路上，我看到李家桃园的桃子熟了，又大又红，便顺手摘了几个，我都没舍得吃，你快尝尝，看看甜不甜！"

曾彦听后忙问："你跟李家的人说了吗？"妻子不以为意："哪儿用得着啊，他家的桃园结了那么多桃子，我也就摘了三个，没关系的！再说了，大中午的，人家都回家吃饭了，我也见不着啊！"

曾彦大呼："你你你，这不就是偷人家的桃子吗？"妻子撇撇嘴："怎么就是偷了？大家都是熟人，拿几个桃子怎么了？"

曾彦严肃地说："没有经过别人的允许而拿走人家的东西，这就是偷。根据我所认同的法律，如果妻子偷了东西，丈夫是要把她休掉的！"

说着曾彦便拿起笔开始拟休书，还很无奈地说："我知道你一直对我很好，可是我研究法律多年，并且还在自己所写的书中提出刚才的那一条，我怎么能够违背我自己所认同的法律呢？没有办法，你就回娘家另嫁一户好人家吧！"

妻子没有想到曾彦说要休她是动真格的！她哭着恳求丈夫不要抛弃自己！可是曾彦心意已决，把妻子赶出茅屋，不再理会。

妻子没有办法，只好拿着休书去见婆婆，恳请婆婆能劝劝丈夫。婆婆当即便领着媳妇去找儿子，见到儿子就大骂："你这个没良心的，这么多年，你的妻子为咱们家，为你操尽了心，连一句怨言都没有！你现在居然要休她！你是疯了吗？"

曾彦看母亲哭着骂自己，不禁也流下了眼泪，说："我何曾不知道她的好！可是做人要讲诚信，我自己认同的法律，我写在书上的内容，我自己又怎么能够违背呢！"

母亲生气地说："你自己认同是你自己认同，你认同又没有被国家认同，那怎么能够作数呢？"这时妻子也回过神来了，说："是啊，虽然你是这么想的，但是国家的法律现在并无这样的规定，你没有理由休我！"

　　曾彦想了想，母亲和妻子说得也对，便打消了要休妻的念头。只是，他要求妻子一定要向李家道歉，承认自己曾偷过桃子的事，因为他希望自己的妻子和自己一样，都能做一个诚实的人！

　　后来，曾彦在科举考试中考中状元。他把自己对于法律的见解说给皇上，皇上也很是赞赏。

### ◇孔明点评◇

　　不加细究，曾彦好像小题大做。不就是三个桃子吗？纵然是偷，也算小过，犯得着"休妻"吗？照着这个故事来理解，曾彦应该是在气头上，说了过头话。如果曾彦真因为三个桃子而休妻，那就不是曾彦"休妻"佳话了。我宁愿相信曾彦不过是想借机规劝妻子改过自新罢了。俗话说："小洞不补，大了就得尺五！"是真的。日常生活中，一些细枝末节的事常常被我们不以为意，譬如曾彦的妻子，摘了别人家园子里的桃子，却没有一丝"偷"的意识。可以推想，今天摘桃子不算偷，之前呢？往后呢？或许曾彦妻是有"前科"的，曾彦故意小题大做，才使妻子意识到了摘桃不算偷的严重性，往后就该懂得谨小慎微了。呵呵，警钟长鸣还是有必要的。

# 张孝基教妻弟踏实做人

张孝基，是明朝时许州（今河南许昌）人。

张孝基从小喜爱读书，为人也正直诚恳，在当地声誉很好。后来，同乡的一个大户人家，决定把自己的女儿许配给张孝基。于是，张孝基便和这个大户人家的女儿结了婚。婚后二人相敬如宾，夫妻恩爱和睦，生活很是和美。

这户人家还有一个儿子，因为从小生活优渥，没有好好念书，也没有好好培养自己的品行，终日里只知道赌博饮酒玩乐，不务正业，经常出入于酒楼妓院，挥霍了家里不少钱财。张孝基的岳丈想尽办法想让儿子回头，可是那位纨绔子弟非但不知悔改，反而数日也不回家，只是住在妓院，败坏了家里的名声。无奈之下，张

孝基的岳丈只好把儿子赶出了家门，并毅然和他断绝了父子关系。

后来，张孝基的岳丈得了病，请了很多大夫也没能治好，眼看大限将至，岳丈将女儿与张孝基叫到床前，说："我这次恐怕是不行了！我这个人命苦，虽然有个儿子，可是却不争气！好在还有一个女婿让我很放心！如今我就把这个家全部托付给你了！"说完，便详细交代了各种事项，张孝基认真地听着，并让岳丈放心，答应一定会管理好家里的一切。

不久，张孝基的岳丈便去世了。张孝基和妻子遵照父亲的嘱托，经营家里的生意，并把家里的一切都管理得很好。

多年以后，张孝基有一次去城里办事，偶然看到一个乞丐，跪在马路边要饭，蓬头垢面，衣着破烂，很是可怜，便走过去想要给他一些钱财。不料走到跟前，仔细一看，这人不是自己的小舅子吗？

他很痛心自己的小舅子落到今天这个地步，可是他又不愿意让自己的小舅子重蹈覆辙，便不动声色，只是走上前问："你日日在此要饭也不是长久之计，我家有个菜园子，你愿意来我的菜园子工作吗？"

那个乞丐听后高兴极了，回答说："我自然是愿意的！只要大人您肯给我三餐温饱，我愿意替大人做牛做马！"

张孝基把这个乞丐带到家里的菜园，把他安顿到下人的住所，还给他吃了一顿饱饭，之后，便让菜农教他给菜园里的菜浇水。小舅子为了生计，认真地学习浇灌菜园，没过多久就可以独立工作，而且做得很好。

张孝基觉得如今的小舅子已经不再是当年那个只会玩乐的纨绔子弟了，便又问他："你能管理仓库吗？"

小舅子说："但凭大人吩咐，我曾经说过，只要大人给我三餐温饱，我什么都愿意做！我很荣幸还能帮大人看管仓库！"

过后，他又很认真地学会了管理仓库，工作努力而且谨慎，半年时间都不曾出过任何差池。后来张孝基又教他管理账目，他不久后也学会了。这个时候，张孝基觉得自己的小舅子已经学会了管理家中的一切，应该是

把这个家还给他的时候了。于是，张孝基叫来自己的小舅子，对他说："你可知我是谁吗？"那人不解。张孝基继续说："我是你姐夫啊！当年你父亲临终时，把这个家托付给了我！我一直仔细照管这个家，不敢有丝毫的怠慢。如今，你回来了，也学会了管理家业，因此，也是该把这个家还给你的时候了！"

那人听后大惊，直到自己的姐姐走了过来，才相信了这一切。他原本不想接受，因为毕竟自己曾经让父亲失望，而且眼前的姐夫又是自己的大恩人。可是，张孝基执意如此，姐姐也让他莫再推辞。后来，他接管了这个家，十分勤俭，也十分勤奋，把家里照管得很好！

### ◇孔明点评◇

这是另一种诚信，足见张孝基拳拳之心与良苦用心。古往今来，亲兄亲弟争多论少、斤斤计较的例子不胜枚举，何况张孝基不过是个入赘的女婿而已！岳丈赶走亲生儿子，是恨铁不成钢；把家产交给女婿，即便心甘情愿，也是别无选择。张孝基是不负重托，把岳家的家业管理得有声有色。而一旦遇见了小舅子，他既没有起歹意，更没有生嫌弃之心，但也没有轻率相认，而是煞费苦心"设局"，教小舅子踏实做人，授他以自食其力之技与管理家业之才，最后才将家产完璧归赵。德行基于不贪，诚信始于良善。张孝基的事迹即使放到现在，也是高山仰止，受人礼赞！

# 刘若宰殿试不隐祖籍

刘若宰，字胤平，号退斋，明崇祯元年（1628）状元，也是明代著名书画家。

刘若宰先后参加过几次科举考试，可是每次都失败落选。天启五年（1625），刘若宰又来应试，这已经是他第五次参加了。笔试中，他发挥得很好，因此得以参加熹宗皇帝举行的殿试。

殿试中，刘若宰对答如流，熹宗皇帝很满意。最后，熹宗皇帝随口问了一句："你的祖籍是哪里呢？"

听到这个问题，刘若宰心里不禁一紧！其实，他的祖籍是山东的梁山泊，这可是当年梁山好汉的大本营，水泊梁山的故事，连小孩子都知道。如果对皇上说了实话，难免皇上会忌讳。可是，如果编了谎话骗皇上，岂不是又犯了欺君之罪？这可如何是好呢！

刘若宰的大脑高速运转着："倘若谎报自己的祖籍，这不但是欺君，也是极大的不孝啊！"于是，他鼓起勇气大声回答道："启禀陛下，小人的祖籍是山东的梁山泊！"

熹宗皇帝听到这个答案，脸上多少显示出一些不快。

刘若宰知道这个答案定然是会让熹宗皇帝不快的，于是赶忙解释说："小人的祖父和曾祖都住在梁山泊，但后来我的祖父带着我的父亲迁居到了平山镇，我也是在平山镇出生长大的，并不曾去过梁山泊。"

殿试结束后，刘若宰知道这次自己又要落榜了。后来果然不出他所料，这一次科考，最终他又是榜上无名。不过他并不后悔。

崇祯元年（1628），刘若宰再次参加了科举考试。这一次，刘若宰终于如愿考中，并且考中了状元。然而，他同样不曾隐瞒他的祖籍。

### ◇孔明点评◇

俗话说："江山易改，本性难移。"拿这句话套刘若宰，太恰当了。他的本性就是诚信！连续参加科举，第五次好不容易荣登殿试，说千载难逢都不为过，刘若宰却一句大实话使自己的愿望瞬间归零。明知不可道而道之，就为了不说假话，谁肯这样做呢？只有诚信君子！仅此而言，刘若宰是名副其实的诚信君子。要说诚信这两个字，做起来难也容易，容易也难。患得患失，斤斤计较，肯定很难；宁为玉碎，不为瓦全，就不难。但善有善报，还是应该相信的。譬如刘若宰，他不苟且于当下，却也不灰心于未来，最后还是高中榜首，如愿以偿。

# 詹谷十年一诺

　　清代乾隆年间，有一位姓陈的老人在崇明岛开了一家当铺。这位老人的家乡在四川万县，他只身一人来这里做生意，也没个帮手，便写了一则招聘启事，想给自己的当铺招个伙计。

　　过了几天，一个年轻人来应征。前来应征的年轻人叫詹谷，他曾经也在当铺里打过工，因此很熟悉当铺的工作流程，所以陈老板当即便录用了他。

　　詹谷在陈老板的当铺里工作很认真，也很努力，对待顾客热心周道，颇得好评。半年过去了，陈家当铺的收益很好，陈老板对他也很满意。

　　有一天，陈老板突然收到一封来自家乡的信，打开信一看，便坐不住了。因为信上说自己的妻子病

178

重，要自己赶紧回老家。陈老板向詹谷匆匆交代了前因后果，然后把当铺的一切都托付给詹谷，便急着要回老家。

詹谷十分惶恐，对陈老板说："老板，您这一去，千山万水，不知何时才能回来，让我一个人打理当铺，恐怕……"

谁知陈老板不等詹谷说完便道："我知道你的意思，对于你，我是绝对相信的，这半年来，你对当铺的生意尽心尽力，我都看在眼里，若不是你，当铺也不可能有这么好的生意。而且，我看得出来，你是一位诚信君子，我相信你一定不会辜负我的。所以，你就不要再推脱了，当铺的生意就全部拜托给你了！"

詹谷听闻陈老板对自己竟然如此信赖，郑重地说："那好，我一定不辜负陈老板对我的信任。店里的生意，就交给我吧！您放心地回去照顾老板娘，希望老板娘能够早日康复，老板您能早日归来！"

于是，陈老板便放心地回了家。可是，由于路途遥远，陈老板又已经年老，体力不支，在路上生了病，耽搁了行程。后来总算是拖着病体回到了家，然而妻子却已经去世了。得知这个消息，陈老板更是心伤难愈，一病不起了。没过多久，陈老板也病逝了。

詹谷在陈老板走后，一直谨记着陈老板临走时的嘱托，他用心经营当铺，不敢有丝毫的怠慢。而当铺在詹谷的经营下，生意也是蒸蒸日上。

詹谷很久没有回过家了，他也很想回家看看家人。可是，因为当初对陈老板的承诺，他只好一次又一次地打消了这个念头，耐心地经营当铺，等待陈老板的归来。

倏忽之间，十年过去了，可是陈老板竟然就这样杳无音讯，再也没有回来过。詹谷也不知道陈老板家的地址，想寄信去询问，又不知道应该寄去何方。

终于有一天，一个年轻人前来当铺拜访詹谷。原来这人竟然是陈老板的儿子。詹谷得知是陈老板的儿子来了，大喜，问："陈老板回去后可好？他为什么没有回来？"陈公子淡淡一笑，说："其实，家父上次回家后，染上重病不久就去世了！那时我还年幼，尽管家父交代过这里还有一间当铺，我却没有办法前来。这些

中华诚信故事

年，真是多亏你帮家父打理当铺了！"詹谷只听见陈公子说陈老板已经去世，不禁失声痛哭，当年若不是陈老板，自己哪里能有今天，可是如今，陈老板已经故去，自己连报答他的机会都没有了，着实难过。

等情绪稳定下来，詹谷赶忙从柜中取出这十年的账册交给陈公子。陈公子翻开来，看到每一笔账目都清清楚楚，深受感动。詹谷把当铺的大小事项一一跟陈公子交代清楚后，诚恳地对陈公子说："陈公子，其实这么多年来我一直都想回家看看，可是因为当初答应了陈老板要帮他打理这间当铺，所以一直也没有机会回去。现在您来啦，我终于完成了我的使命，现在把当铺交还给您，我也终于可以回家了！"

陈公子听闻詹谷要走，有些不舍，可是因为詹谷说是想要回家看望家人，因此也没有极力挽留。他算好了詹谷十年的工钱，并且还想多赠予他些银两。可是，詹谷只是收下了工钱，却没有接受那多出的银两，就这么告辞了！

陈公子看着詹谷远去的背影，不禁感慨："詹谷可真是一位诚实守诺的君子啊！"

詹谷是江西婺源人，他"十年还店"的守信故事，是徽商文化中的著名传说，尽管传说中詹谷替陈老先生经营的店铺种类各不相同，但其中所要表现的精神实质是同样的——就是徽商的诚信。

同样诚信的徽商，还有吴士东。

吴士东在苏州阊门外开了一家小铺，清同治年间，苏州战乱，百姓们十分惊恐，四处逃散。而商家们也感觉在这里已经没有生意可做，便纷纷关门离开了苏州。

这时，一位江西来的商人刚带着一大批丝织品来到了苏州城，原本想好好做一笔生意的，可是没有想到，苏州城里已经是这般冷清，曾经一直在他那里进货的店铺也都关门了。

拉着这一大批货物的江西商人正在绝望的时候，突然看到还有一家小铺子开着门，这正是吴士东的店铺。

江西商人走进吴士东的店铺，说明了自己的难处，他恳请吴士东可以留下这批货物帮他贩卖。可是吴士东也很为难，便说："您看，我这么一间小铺子，实在是

囤不下这么多的货物啊！"

江西商人再次恳求说："你能囤下多少就留下多少，放不下的哪怕你扔掉也行。我要返回家乡，又不可能再把它们带回去，可是你要我自己把它们扔掉，我实在是不忍心啊。"吴士东也不忍心再回绝江西商人，便答应留下他的货物。

之后，江西商人便匆匆忙忙地离开了苏州，返回家乡去了。

之后，吴士东便想尽一切办法帮江西商人贩卖这批丝织品。终于，在一年后，这批丝织品被吴士东陆陆续续地都卖了出去。

后来，战乱结束了，那个江西商人再一次来到苏州。当吴士东听闻此事，他所做的第一件事便是找到了这个商人，然后把之前那批丝织品卖得的货款全部交给了那位江西商人。

江西商人收到这笔货款的时候，万分感动。其实当时他把货物交给吴士东的时候，只是想丢掉累赘，并没想着吴士东会在卖掉它们之后还把钱给了自己。后来他把这件事告诉了自己许多做生意的朋友，大家都很愿意和吴士东做生意，因为他们知道，吴士东是一位非常讲诚信的生意人，和他做生意，绝对值得放心！

### ◇孔明点评◇

现代社会真需要詹谷、吴士东这样的诚信君子。诚信，诚信，一个是诚，一个是信。诚实之人，不生贪婪之心；守信之士，不闪邪恶之念。诚信或许不是与生俱来的，却肯定是难能可贵的。人与人往来，若有诚信兜底，何须你防我，我防你呢？反过来讲，人际关系中诚信缺如，何以坦然自处、不怀忐忑呢？社会上倘多了詹谷们，多少人要省多少心呢？时代呼唤詹谷，而且刻不容缓，因为诚信的缺失正在透支中华民族的文明遗产！